KB216827

의대 합격 따라 하기

★ 한 권으로 완성하는 의대 입시 바이블 ★

의대 합격 따라 하기

이해웅 지음

타임북스
T·IME Books

의대 입시를 성공적으로 준비하려면

대한민국에 의대 입시 바람이 거세다. 초등학생이 의대반에 다니고, 중학생부터는 본격적인 의대 입시에 들어간다. 고등학생은 의대 합격 여부에 울고 웃곤 한다. 사회적 이슈의 선두에 '의대 정원' 문제는 10년 넘게 끼어 있다. 왜 그럴까? 의사란 직업이 좋아서 그렇다. 직업의 3대 요소는 '금전적 보상', '사회적 시각', '자기만족도'라고 할 수 있다. 금전적 보상은 만족도를 높인다.

한국고용정보원에서 2년마다 연봉 기준으로 돈 많이 버는 직업 순위를 산정한다. 이번 발표에서 1위는 기업 고위 임원이 차지했는데, 1위를 제외하면 2위부터 10위까지 모두 의사(한의사 포함)이다. 기업 고위 임원은 같이 입사한 신입사원 중에서 얼마 안 되는 소수만 올라갈 수 있는 선택받은 자리이지만, 의사는 의대만 졸업하면 평생이 보장되는 길이다.

금전적 보상으로는 그야말로 가장 확실한 직업이다. 경제가 발전하고 선진국 문턱을 넘어서면서 전통적으로 인정받던 법조인, 공무원, 교사, 종교인 등의 사회적 신뢰도가 낮아지고 있다. 반면에 의사는 인간의 생명을 다루는 고귀한 직업으로서 사회적 신뢰도가 오히려 증가했고 사회적 발언권도 지속적으로 높아지고 있다. 그리고 자기만족도 또한 매우 높은 직업군이다. 자라나는 젊은 세대가 의사라는 직업을 선호하는 것은 당연하다. 가족 단위로 봐도

'집안에 의사 하나 있으면 좋겠다.'는 생각이 자연스럽다. 게다가 대다수 학원과 일부 고등학교도 학생들의 의대 합격을 자랑하기에 바쁘다. 당분간 이런 사회적 분위기를 막기는 어려울 것이다.

이 책은 이런 현상을 왈가왈부하려는 게 아니다. 젊은 학생들이 사회의 도움 없이 오로지 개인적으로 대학과 사회 진출을 준비해야 하는 것이 현실이다. 과거와 달라진 것이 하나도 없는 상황에서 너무 많은 학생이 '의대'를 꿈꾸다가 어린 나이에 좌절하는 것이 안타까워서 이 책을 쓰게 되었다. 의대에 갈 성적이 안 된다면 빨리 다른 진로를 고민해 보라고 충고하고 싶다. 짧으면 3년, 길면 5년이 걸리는 의대 준비 과정을 감당하기 싫으면 '의대'를 포기하라고 권하고 싶다.

의대 바람이 부는 현재 상황에서 의대 합격에 이르려면 너무도 많은 경쟁 과정을 거쳐야 한다. 의대 입시는 '과잉 경쟁' 상태이다. 그러니 당연히 과잉 준비가 필요하다. 부모는 자녀에게 과도한 학습을 권유해야 한다. 학원과 학교는 과도한 교육과정을 제시하고 있다. 의대를 지망하는 학생도 스스로 과도한 인내를 각오해야 한다. 의대 진학은 3배 이상 경쟁이 요구되는 일이다.

이 책을 보기 전에 마지막 기회를 드린다. 의대를 '포기'하고 행복한 학창 시절을 보낼 기회를. 그래도 포기가 안 된다면 남다른 '각오'를 해야 한다. 이 책에서는 의대 모집 인원을 기능적으로 분석하고, 실제 의대에 합격한 선배들이 어떻게 준비했고 얼마나 공부했는지를 확인해 본다. 스스로 선택한 고난의 길에 작은 도움이 되었으면 한다.

2024. 8. 26.
성종과 그 아들 중종의 묘를 바라보며
이해웅

차 례

1장 의대 입시 구조의 이해

의대 입시 공략법과 모집 인원 분석

의대 합격의 3요소

(수능, 내신, 고교 브랜드)

수능 준비 로드맵

(초·중·고)

의대 합격하는 공부 요소
(의대 합격 지수 알아보기)

1장

의대 입시 구조의 이해

교육부는 지난 5월, 2025학년도 의대 입시를 확정했다. 대학들은 이미 교육부의 공식 발표가 있기 전인 지난 4월, 2026학년도(현재 고2) 수험생이 진학할 의대 모집 인원을 확정했고, '2026 의대 입시 계획(안)'에 탑재해서 홈페이지에 공지하기도 했다. 의대 입시 증원 범위를 대략 2,000명으로 가닥을 잡은 것이다. 의대 입시안이 확정되었으니 발 빠르게 분석해야 할 때이다. 특히 현재 고등학교 1~2학년과 중학교 1~3학년은 어떻게 하면 의대 입시에 성공할지를 우선으로 검토해야 한다. 그래서 이 책의 제목도 '의대 합격 따라 하기'로 정했다.

현재까지도 의대 입시를 두고 갑론을박이 이어지며 정확하지 않은 논쟁으로 혼란을 야기하고 있다. 이에 불필요한 사실을 정리하고 모집 인원과 커트라인을 지표 삼아 객관적이고 합리적으로 분석하여 의대 입학 가이드라인을 제시하고자 한다. 특히 지금 고등학교 1~2학년, 중학교 1~3학년 학생들이 어떤 준비를 하면 좋을지 구체적인 실행안을 중심으로 입시 전략을 풀어보려 한다.

오는 겨울방학에는 『의대 합격 따라 하기 플래너』를 중학교 1학년부터 고등학교 2학년까지 의대 지망생이 활용하도록 출간할 계획이다. 학생이 개인별 플랜을 작성한 후 우편으로 보내면, 필자가 첨삭해 다시 보내주는 시스템도 구축할 계획이다. 따라서 이 책 한 권으로 끝나는 것이 아니라 의대 입시를 위한 토털 솔루션의 한 부분임을 인지하기를 바라며 추후 이어질 컨설팅도 잘 활용하여 전방위적으로 전략을 수립해보길 바란다.

의대 합격의 진실 바로 보기

의대 합격의 진실 =

열심히 공부해서 '성적'이 좋은 학생이 의대에 진학한다.

- 안 좋은 성적을 비교과로 만회할 수 없다!
- 비교과는 동점자 처리 개념일 뿐 그 이상은 아니다!
- 고등학교는 2,000개, 의대 신입생은 5,000명!
  전교권 내신 성적이 아니면 의대 수시 합격은 불가!

의대에 합격한 학생 중 90%가 '표준 범위'에 해당할 것이다. 나머지 10%는 예외적인 경우이다. 이 중에 내신이 안 좋았는데 붙었다는 학생은 1%도 안 된다(수능최저기준을 충족한 수험생이 미달 수준이거나, 내신 등급이 숫자상으로 나빠 보이나 소속 고교 유형이 자사고나 과학고여서 전교 등수는 최상위인 학생일 가능성이 높다). 이러한 특수한 합격 사례를 지침으로 삼을 수는 없는 일이다. 이에 따라 의대에 합격한 여러 사례 중에서 지극히 상식적이고 일반적인 사례만 모으고 분석하여 입시 해법을 제시할 것이다.

의대 입학생들의 학습 방법을 분석하고 루틴을 살피는 과정을 거쳐 '입시 로드맵'을 완성할 수 있다. 곧 선보일 『의대 합격 따라 하기 플래너』에서는 스스로 열심히 공부해서 의대에 합격한 학생들이 중학교 1학년부터 고등학교 1학년 때까지 각각 어떻게 준비했는지 낱낱이 살펴볼 수 있을 것이다. 이를 청사진 삼아 스스로 실천하는 '자기주도적 의대 준비'를 할 수 있다.

복잡한 의대 입시를 단순하게 정리하자는 취지에서 이 책을 만들었다. 의대 입시를 바라보는 시각은 제각각이다. 예를 들어 중학교 1학년 학생에게 의대 입시를 피력하는 학원들은 상업적인 시각이 다분하다. 그들은 장사를 잘할 방법을 연구한다. 실제 중학교 1학년 학생들이 어떤 방식으로 학습해야 의대 합격률이 높아질까 하는 실질적 고민은 적다. 그 이유는 장기적으로 우리 학원에서 중학교 1학년부터 공부를 이어온 학생 중 몇 명이 의대에 합격했는지, 그 합격생 중 우리 학원에서 배운 것이 얼마나 효과적이었는지를 증명할 방법이 사실상 없기 때문이다. 그래서 입시전문가의 시각으로 의대 입시가 실제로는 복잡하지 않고 굉장히 단순하다는 사실을 증명하고 싶었다.

복잡한 의대 입시 vs 사실은 단순한 의대 입시

의대 합격 요소

- 가나다순 = 내신, 비교과, 수능
- 중요도순 = 수능, 내신, 비교과

의대 입시 방법에는 수시와 정시 코스가 있다고 이야기하지만 정확히 말하자면 의대는 수능을 잘 치러야 갈 수 있다. 의대 입시의 핵심은 다름 아닌 수능 결과로 판가름 난다고 볼 수 있다. 이 또한 입시전문가로서 분석한 내용을 이 책에 차차 풀어보겠다.

우선 의대에 합격한 학생들을 조사해서 그들이 의대에 가려고 어떤 준비를 했는지 확인해보는 것이 가장 중요하다. 그들이 중·고등학생 때 해온

일련의 학습 과정을 순서대로 정리해보면 어떤 방법이 의대 합격과 연결되는지 확인할 수 있다. 최근 10년간 의대 합격생들을 분석해보니 결론적으로 수능을 잘 본 학생이 가장 많았다.

우선 의대에 가려면 반드시 세 가지를 준비해야 한다. 내신(결과), 비교과(과정), 수능(과정)이다. 비교과는 과정이고, 내신과 수능은 결과만 유의미하다. 흔히들 아는 바와 달리 의대 입시는 실력(=과정)보다 득점 능력(=결과)이 중요하다. 이 부분은 후반부에 집중적으로 다루겠지만, 실력이 있는 것과 점수가 좋은 것은 약간 차원이 다른 문제이다. 저학년일수록 득점 능력보다 실력이 중요하다. 학년이 올라갈수록, 특히 고등학교 2~3학년이 되면 결정적으로 자신이 그동안 쌓은 실력을 '점수'로 증명해야 한다. 실력은 있는데 점수가 잘 안 나오는 학생들은 매우 억울한 일이 아닐 수 없다. 이러한 학생들은 "긴장해서 실수했어요." 같은 여러 가지 핑계를 대곤 한다. 그런데 엄연히 말해 실수와 긴장 역시 결과적으로는 실력에 포함된다.

어떻게 하면 노력으로 쌓은 실력을 결과인 점수로 보여줄 것인가? 이 부분도 의대 입시에서는 중요한 이슈 중 하나이다. 이는 의대 입시와 공대 입시의 차이라고도 할 수 있다. 공대 학생부종합전형(이하 학종)에서는 실력은 있으나 득점 능력이 약간 부족한 학생도 뽑아줄 여력이 있다. 하지만 수능최저기준과 내신 최상위가 넘쳐나는 의대 입시 판에서는 작은 실수 하나가 곧 치명적인 불합격으로 이어진다. 득점 능력을 키우려면 시간을 투자해야 한다. 연습하고 훈련한 것들이 시험 볼 때 점수로 증명돼야 하기 때문이다. 의대를 간다는 건 실수 한 번이라도 용납하지 않는 첨예한 경쟁 구조에 스스로 들어간다는 의미이다. 어떻게 하면 '득점 능력'을 키울지(=결과가 좋을지) 전략을 세워야 한다. 의대 입학에 필요한 학습 플래너를 구상하게 된 이유이다. 결국 득점 능력은(=결과=성적) 연습 외에는 극복할 방법이 없다. 이제 의대 입시의 다각적인 측면을 『의대 합격 따라 하기』로 살펴보기 바란다.

의대 입시와 공대 입시의 차이 = 모집 인원 차이 = 희소성의 차이

- 공대에 진학한다는 것은

서울대 컴퓨터공학(65명)에 못 가면 서울대 전기정보공학(151명)에 가고,
서울대 전기정보공학에 못 가면 서울대 산업공학(29명)에 가고,
서울대 산업공학에 못 가면 전공적합을 무시하고 하향 지원하여
서울대 건설환경공학(56명)에 가고
그도 아니면 서울대 산림과학(43명)에라도 가야지.
그래서 모든 서울대 이공계를 지나치려면 공대(818명), 자연과학대(255명), 농업생명과학대(298명), 사범대(110명)까지 지나야 연세대 이공계가 시작된다.

- 의대에 간다는 의미는

서울대(140명)에 못 가면 연세대(110명)에 못 갈 가능성이 높고
연세대 못 가면, 가톨릭대(93명)와 성균관대(120명)에 못 갈 가능성이 높고
성균관대 못 가면, 울산대(120명), 고려대(120명), 경희대(106명), 한양대(110명), 중앙대(110명)에도 가기 어렵다.
서울대 이공계를 지나가는 인원보다 서울권 의대를 지나가는 인원이 더 적다.

의대 입시 구조 바로 알기

의대 입학 전략을 세울 때 첫 번째 할 일은 의대 입시 구조를 탐색하고 이해하는 것이다. 과거에는 조감(Bird's eye view), 요즘은 '드론 뷰'라고 많이 표현하는데, 드론이 하늘에서 숲을 내려다보고 다시 내려가서 사람의 힘으로 나무 하나하나를 살펴보는 듯한 폭넓은 시야를 가져야 한다는 의미이다. 그래야 이를 바탕으로 자신이 어떤 전략으로 나아갈지 결정할 수 있다.

전체적인 구조를 파악했으면 두 번째로는 나무를 봐야 한다. 전국에 40개 의대가 있는데 차의과학대학은 아직도 대학원에서 모집하므로 실제 대입 수험생에게 의대 입시 대상이 되는 의대는 39개이다. 이 39개 의대가 각각 어떻게 모집하며, 수도권에서 지역인재전형 없이 선발하는 의대는 어떻게 운영하는지, 지역인재전형이 주를 이루는 지방 의대는 어떻게 모집하고 운영하며 조건이 어떤지 하나하나 살펴보는 작업이 필수이다.

세 번째로는 의대 입시에 필요한 세 가지 요소도 챙겨야 한다. 중요도순으로 첫째가 수능, 둘째가 내신, 그다음이 학종이다. 그런데 우리나라 학종은 요즘 많이 쇠락(유명무실이라고 할 수도 있겠다.)해서 그저 학교 지명도를 보고 뽑는다고 할 수 있다. 학종의 유명무실에 관한 이야기는 이후에 자세히 하겠다. 의대 입시의 세 가지 요소가 어떻게 활용되며 무엇이 더 중요하고 각각을 어떻게 준비할 것인지에 대한 작업이 수반되어야 할 것이다.

네 번째로는 그중에서 가장 중요하다고 여겨지는 수능 준비를 어떻게 해야 하는지 알아보는 일이다. 주로 저학년부터 고등학교 2~3학년까지 어떻게 할지를 알아보려 한다.

다섯 번째로 내신 지수를 의대에 맞춰서 확인해야 한다. 내신이 "좋다." 또는 "나쁘다."라고 표현하는 것은 주관적 개념이다. 대학입시 포털 사이트 '어디가(www.adiga.kr)'에는 매년 모든 대학의 합격 커트라인이 공개된다. 공식적인 자료를 바탕으로 자신의 내신으로 의대에 진학할 수 있는지를 확인하자.

여섯 번째로 이러한 자료를 토대로 특히 중학교 1~3학년은 의대 합격을 위한 고등학교 선택을 어떻게 하면 좋을지 살펴본다. 또 부록으로 교과 학습 로드맵, 즉 학년별, 시기별로 내신과 수능을 포함해서 국어, 영어, 수학, 사회, 과학 다섯 과목을 어떻게 공부하면 좋을지 제시해보려 한다.

고등학교 입학 후에는 수능 준비가 어렵다! 수학(중학생인 경우)

고1 때는 수능 아닌 과목만 공부한다.
고2 때는 그나마 수능 주력 과목인 대수와 미적분1을 배운다.
고3 때 수능 과목은 확률과 통계 하나뿐이다. 실제로 고등학교에서는 수능에 75%가 출제되는 대수와 미적분1은 수업조차 하지 않는다. 내신의 압박과 수행평가의 부담을 잔뜩 지고 있는 학생들은 실제로 수능을 준비할 시간이 없다. 고등학교는 수능 과목을 준비해줄 구조가 안 되고, 학생들은 수능을 준비할 시간이 없다. 이는 어쩌면 청소년 학대(?) 수준이다. 수능 비중을 줄이거나 학종 중심 고등학교 운영을 재고해야 할 것이다.

학년	고1	고2	고3
수학 내신 과목	통합수학1 통합수학2	대수 미적분1 기하	미적분2 확률과 통계 수학과제탐구 인공지능 수학
수학 수능 과목		대수 미적분1	확률과 통계

의대의 특수한 수요와 공급

앞서 언급한 의대 입시 구조를 전체적으로 살펴보자. 의대 입시는 다른 입시와는 성격이 다르다. 예를 들어, 전자공학과를 가고 싶은 학생은 성적이 좋으면 서울대 전자공학과에 가고 성적에 맞춰 충남대, 부산대, 경북대, 강원대 전자공학과에 가도 된다. 나머지 모든 학과는 자신의 성적에 맞춰 진학할 수 있다. 전자공학과에만 국한되는 것이 아니다. 기계공학과도, 철학과도, 경영학과도 마찬가지이다. 경영학과는 서울대에만 있는 게 아니라 특수한 대학을 제외하고 어느 대학이나 경영학과가 있다. 모든 대학은 내가 전공하고 싶은 분야가 있을 때 성적에 맞게 대체재로 선택할 수 있다. 서울대에 못 가면 연세대와 고려대(이하 연·고대)를 가고 그다음 선택지로 다른 대학을 선택하는 구조가 가능하다.

의대는 어떨까? 의대는 서울의대를 못 가면 의대를 아예 못 갈 가능성이 굉장히 높아진다. 전국에 39개 의대가 있는데 서울의대 커트라인과 지방의 원광의대, 고신의대, 가톨릭관동의대까지 모든 의대의 커트라인이 수시든 정시든 간격이 매우 좁기 때문이다. 전국 39개 의대는 5,000명을 선발하는 대학 한 곳이라고 생각해도 무방하다. 서울의대를 못 가는 순간 어느 의대도 못 갈 가능성이 매우 높은 이유이다.

이는 사관학교나 경찰대와 비슷한 성격이라고 생각하면 된다. 경찰대를 예로 들어보자. 경찰대는 전국에 대학이 하나밖에 없다. 마찬가지로 의대는 39개 학교가 전국에 분산된 것처럼 보이지만 실제로 의대 입시는 하나인 셈이다. 서울의대를 못 가면 그냥 의대를 못 가는 것이다. 그래서 일반적인 전자공학과, 경영학과 또는 철학과에 가는 것과는 매우 다른 구조라고 보면 된다. 의대 입시를 명료하게 바라보면 '의과 대학 한 곳'인 셈이다.

공대 준비와 의대 준비는 차이가 굉장히 크다. 공대 준비는 앞서도 얘기했지만 서울대 전자공학과를 못 가면 후순위 대학의 전자공학과에 갈 수도 있다. 그런데 의대는 이런 논리가 적용되지 않는다. 또 하나, 내가 전자공학과를 꼭 가고 싶었지만 서울대 전자공학과에 못 가도 다른 대학교를 선택하거나, 서울대에 있는 반도체, 소프트웨어 등 관련 학과를 선택할 수도 있다. 그러나 의대는 이런 선택지를 적용할 수 없다. 의대가 아니면 다른 선택지가 없는 것이다. 치대나 한의대, 약대와도 전혀 다른 문제이다.

의대 입시는 자격증을 따기 위한 하나의 과정, 즉 '코스워크'(coursework)로 인식해야 한다. 의대 입시는 대학 입시라기보다는, 엄밀히 말해 '자격 취득 조건 직업학교'에 진학하는 것과 유사한 구조이다. 이러한 측면에서 의대 입시 구조가 일반적인 대학 입시 구조와는 다르다는 개념이 매우 중요한 화두이다.

필자가 학원을 운영하고 학교도 많이 다녀보면서 많은 학교와 사교육 시장에서 듣는 소리는 한결같았다. 의대 준비와 서울대 가는 준비가 비슷하다고 말이다. 하지만 이는 전혀 다른 문제이다. 그러니까 "영재고 준비하면 의대 입시에 도움이 된다.", "특목고나 자사고 가면 무조건 의대 가는 데 유리하다." 등 검증되지 않은 풍문이 떠도는 것이다. 한국 사회가 비약적인 과학 발전을 이루고 선진국이 됐는데도 이사갈 때 손 없는 날을 따져보는 것과 무엇이 다른가.

스스로 객관적, 과학적 근거에 따라 의대 입시 구조를 명확하게 이해하고 분석하는 것이 합격을 좌우하는 열쇠라고 본다. 대입 구조를 결정하는 첫째 요소는 수요와 공급 법칙이다. 중학교 때부터 경제를 배우면 제일 먼저 접하는 게 수요와 공급이다. 대학을 안 나와도, 경제학 전공을 안 했어도, 중·고등학교 때 경제 과목을 배웠지만 다 까먹었어도 누구나 상식적으로 아는 개념이다. 수요가 많아지면 가격이 오르고, 공급이 감소하면 가격이 올라간다. 중동의 전쟁 분위기가 고조되면 석유 공급에 차질이 생길 거라고 예측하니 시장에서는 석유 가격이 올라간다.

여기에서 간과하면 안 되는 것이 의대의 수요와 공급이다. 의대는 정원을 늘리기가 매우 어렵다. 공급이 탄력적이지 않은 까닭이다. 예를 들어 경영학과는 탄력적인 모집 집단이다. 전국의 대학 중에서 가장 많은 학과가 경영학과이다. 경영학과는 학생을 1년에 무려 4만 명 정도 뽑는다. 그런데 의대는 선발 인원이 약 30년째 3,000명으로 고정되어 있었다. 코로나19 팬데믹을 거치면서, 물론 그전에도 그랬지만 의사가 부족하다. 하다못해 탕후루 가게도 인기가 있으면 쉽게 문을 열 수 있다. 기본적으로 자본주의와 사회의 운영 원칙이 그러한데, 의대만큼은 너무나 비탄력적이다.

의사가 부족해서 의사 한 명을 늘리려면 대학 입시 정원을 늘려야 된다. 이유가 뭘까? 우리나라는 의대를 나오지 않으면 의사고시를 볼 수 없다. 외국, 특히 미국은 의대가 모두 의학 전문 대학원에 있으니 대학 때 전공이 화학과이든 생명과학이든 상관없이 의학 전문 대학원에서 몇 년 공부하면 의사고시에 응시할 수 있다.

우리나라는 의대 진학 후 6년 동안 과정을 이수한 사람만 의사고시에 응시할 자격을 갖는다. 의사 한 명을 늘리려면 누군가를 의대에 보내서 6년을 기다려야 된다는 이야기이다. 비탄력성이 너무 크기에 문재인 정부 때 의대 정원을 늘리려 했으나 실패했고, 윤석열 정부에서 의대 정원을 늘리겠다고 발표했으나 아직도 근본적으로는 해결되지 않은 상태이다. 의사 단체에서는 반대에 나섰다. 어쨌거나 의사들도 명분이 없기에 결론적으로 사회적 필요에 따라 의대 정원이 늘기는 했다. 늘어난 인원이 5,000명이고 공급의 전부이다.

더욱 높아진 의사의 지위

의사의 인기가 어느 때보다 높다. 아이들에게 의사라는 직업은 어떤 의미일까? 아이들이 의사라는 직업을 선택할 때는 경제적 안정성만 고려하지는 않을 것이다. 아이들도 자기 나름의 인생철학과 가치관을 갖추었다. 이 아이들이 보았을 때 의사는 사회적인 명성도 있고 사람의 생명을 구하는 데 기여하며 보람도 찾을 수 있다는 점이 긍정적으로 작용한 듯 보인다. 명분도 괜찮고 실리도 있고 자기 보람과 효능감도 있는 직업이니 의사가 단연 주목받는 것이다.

옛날에는 법관이나 검사, 변호사를 우선시했는데 시대가 바뀌고 요구가 변하면서 의사가 그러한 지위를 차지하게 됐다. 1980년대부터 2000년대까지만 해도 여전히 판검사가 직업군의 우위에 있었다. 공부 좀 한다고 하면 "판검사 돼야지."라고 이야기하는 일이 다반사였다. 이 시대에는 그 자리가 의사로 바뀐 것이다.

요즘 아이들이 의사가 되겠다고 하는 것이나, 옛날에 판검사가 되겠다고 하는 것이 과연 세속적인 것일까? 얼추 맞는 말이기는 하다. 그러나 아이들이 의사가 되고 싶어 하는 것은 죄가 아니다. 다만 의사를 꿈으로 갖는 아이들이 너무 많아진 게 화근이다. 이제 의대 정원을 5,000명으로 증원했는데, 의대에 가고 싶은 아이가 5만 명이라고 추정해보자. 아주 어려서는 10만 명, 고등학생이 되면서 현실적으로 성적 때문에 그 수가 줄어 마지막까지 치열하게 경쟁하는 인원이 3만 명 정도이다. 이제 의대 정원이 5,000명이 됐으니 의사가 되고자 하는 학생의 숫자가 5만 명으로 늘 수도 있다는 말이다. 실제 뽑는 인원 대비 가고 싶은 아이의 비율이 5,000 대 5만, 즉 10 대 1 이상인 셈이다. 10 대 1이 넘는 치열한 경쟁을 할 수밖에 없는 이 구조를 파악하는 일. 이것이 의대 입시의 핵심 조건이다.

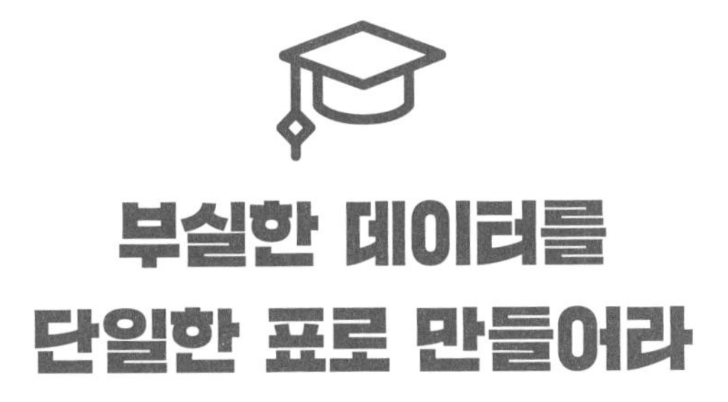

부실한 데이터를 단일한 표로 만들어라

우리나라의 입시 관련 기관이나 학교에서 의대 입시만 전문적으로 다루는 곳은 없다. 학원 입장에서는 의대 반을 운영하기가 쉽지 않고 고등학교 한 학년이 300명이라고 하면, 의대 갈 아이들만 따로 모아서 특화하고 데이터를 만들거나 진행하기 어려운 점이 있다. 그렇다 보니 의대 입시와 서울대 입시와 연·고대 입시와 지방대 입시를 한 번에 해결하려 한다. 마치 원리가 하나로 통하는 것처럼 운영하는 것이다. 그러나 실제로는 의대 입시 원리와 서울대, 연·고대 입시 원리가 다르다. 잣대가 다르기 때문이다. 그런 측면에서 의대 입시에 관한 정보에 부정확한 데이터가 가장 많다고 할 수 있다.

의대 입시 관련 데이터는 따로국밥인 경우가 상당히 많다. 모집 인원을 따로 표로 만들고, 그다음 의대 선발 방법을 따로 표로 만들고, 수시 방법이 따로 있고, 수능최저기준이 따로 있다. 이렇게 쪼개진 걸 통합적으로 정리해서 이해해야 하는데 어디에서도 그러한 설명을 해주지 않는다. 그렇다 보니 "의대는 수시가 많다.", "내신만 잘하면 된다." 하는 풍문이 무성한 것이다. 내신만 잘하면 의대를 갈 수 있을까? 전혀 그렇지 않다. 어설프고 부정확한 의대 입시 데이터에 시간을 낭비하는 일을 이제는 그만두자. 하나로 통합된 표가 필요하다.

의대 수시 교과에서 당락에 영향을 미치는 요소를 생각하면 첫째는 내신이고, 둘째는 면접, 셋째는 비교과, 다음으로 학종에서 주로 사용되는 서류이다. 여기에서 말하는 서류는 무엇일까? 과거에는 자기소개서와 학교 소개 자료(스쿨 프로파일)가 있었다. 학생이 첨부할 수 있는 자기증명 자료도 마찬가지이다. 현재는 이런 것들이 모두 없어지고 학교생활기록부(이하 학생부) 하나만 남았다. 그러니 서류 100%는 곧 '학생부 100%'라는 뜻이다. 덧붙여 학생부에서 내신을 제외한 나머지를 '비교과'라고 부른다. 따라서 중점을 둘 것은 첫째 내신, 둘째 면접, 셋째 비교과이다. 비교과는 자율, 봉사, 진로, 동아리 활동까지 총 네 가지이며, 교과와 무관한 학교 활동을 말한다.

'세특'은 교과와 연결된 '세부 능력과 특기 사항'을 줄인 말이다. 학생부를 보면 학년별, 학기별로 해당 과목 선생님이 이 학생이 자기 수업을 하는 동안 어떻게 활동했고, 무엇을 발표하고 어떤 과정으로 공부해왔는지를 기록해놓았다. 담임이 우리 반 A라는 학생이 1년 동안 활동하며 이러한 행동 특성을 보여줬다고 기록하는 것을 '행동 특성'이라고 하며, 줄여서 '행특'이라고 부른다. 이러한 점이 학생부에서 신경 쓸 부분이다.

마지막으로 수능최저기준이다. 2024학년도 고려대 의대 수시를 예로 들어 의대 수시를 입체적으로 이해해보자. 우선 교과전형은 18명 모집이고 면접 없이 수능최저기준(4합5)만 확인하고 내신 80% + 서류 20%로 선발한다. 422명이 지원했고, 4합5를 넘긴 학생은 32.5%인 137명이었다. 전교 1등이 무려 285명이나 수능최저기준을 넘지 못했다. 고려대 의대와 다른 의대에 동시에 합격한 학생이 더 좋은 의대에 등록하면서 빈자리를 채운 추가 합격생이 모집 인원 18명의 133.8%인 24명이었다. 내신 성적이나 서류에서 밀려서 떨어진 학생이 95명인데, 수능최저기준을 넘지 못하고 떨어진 학생은 무려 285명이다.

학종(=학업우수전형)은 더 놀랍다. 29명 모집에 최상위 내신 학생 878명이 지원했다. 1단계에서 5배수를 선발하니 145명이 1차 서류 평가를 통과했다. 수능 후에 진행된 면접에는 이 중 79.3%인 115명만 응시했다. 수능최저기준 미달이거나 수능을 너무 잘 봐서 참여하지 않은 것이다. 그리고 나중에 수능최저기준을 공식적으로 충족한 학생은 면접응시자 115명 중 61.7%인 71명뿐이었다.

그런데 수시 원서 6장 중 고려대 의대보다 더 선호도가 높은 의대에 동시에 합격한 미등록 학생이 모집 인원인 29명에 추가 합격 인원 44명을 더하면 무려 71명이다.

고려대 의대 학종에서는 면접에서 떨어진 학생은 없는 셈이다. 가장 중요한 것은 무엇인가? 수능최저기준 충족 여부이다. 사실상 수시의 탈을 쓴 수능전형이다. 특히 학종은 서류 따위는 필요 없는 모양새이다.

• 2024 수시 고려대 의대 입시 결과

유형	전형	2024학년도	2023학년도
교과	학교장추천	1.05	1.15
학종	학업우수	1.19	1.55
	계열적합	1.77	1.84

의대 수시는 정도 차이는 있지만 수능최저기준 높음인 경우가 대부분이다. 의대 정시는 단순하다. 수능 점수 위주이다. 면접이 있긴 하지만 요식 행위인 경우가 대부분이다.

의대 입시,
수능최저기준의 엄격함

의대 입시에서는 수능최저기준이 가장 높고 엄격한 잣대로 활용된다. 의대 입시는 수시에서도 수능최저기준의 비중이 매우 높은 편이다. 수능이 활용되는 비율이나 요구되는 수준이 너무 높아서 굳이 수시와 정시를 구분하는 것이 크게 의미가 없다고 본다. 기본적으로 의대에 가려면 수능 성적이 뒷받침되어야 한다는 것이 전제 조건이기 때문이다. “수시로 의대를 가고 싶어요.”, “정시로 의대에 가고 싶어요.”, “서울에 있는 의대를 가고 싶어요.”, “지방에 있는 의대를 가고 싶어요.” 이유를 막론하고 의대에 가려면 누구나 일단 수능 성적이 높아야 한다.

의대 학종과 나머지 학과 학종의 차이 = 수능최저기준

- 수능 없이 의대 없다!

대학	공대	의대
서울대	없음	없음
연세대	2합5(수학 포함)+영어3	1등급 2개(국어, 수학 중 1개 포함) +영어3
고려대	4합8	4합5+한4
성균관대	없음	없음
한양대	없음/3합7	없음/3합4
중앙대	없음	없음
경희대	없음	3합4
이화여대	없음/2합5	4합5
가톨릭대	없음	3합4
울산대	없음	3합4/지역 3합4
가천대	없음	3합3
인하대	없음	없음
아주대	없음	3합5
한림대	없음	3합4(영어 포함 시 영어1)/지역 동일
충남대	없음	3합5(수학 포함)/지역 동일
부산대	없음	3합4(수학 포함)/지역 동일
	공대 학종 천국	의대 수능 지옥

학종으로 공대에 가는 건 또 다르다. 예를 들면 서울대 공대는 수능최저기준이 없다. 서강대, 성균관대, 한양대(이하 서·성·한) 공대도 수능최저기준이 아예 없다. 실제로 공대, 농대 또는 어문 계열 대학에 진학하는 데는 수능최저기준의 영향이 현저히 낮아서 수능과 무관하게 수시로 진학할 여지가 많다는 것이다.

어떤 학생이 자신은 수능을 준비하지 않고 철학과를 가야겠다고 한다면, 전공적합성으로 철학에 맞는 공부를 잘하면 서울대 철학과는 못 가더라도 다른 대학의 철학과는 충분히 갈 수 있다. 철학과를 가는 데 일순위로 준비할 것은 일정한 내신과 함께 자신이 철학에 얼마나 애정이 있고, 고등학교 1~3학년 동안 철학을 어떻게 준비했다는 사실만 가지고도 입학 가능성이 열려 있는 셈이다.

그러나 의대 입시에서는 우선 1순위인 수능최저기준을 맞추지 못하면 아예 의대에 못 가고, 내신이 아무리 좋아도 수능최저기준을 맞추지 못하면 의대에 가려고 화학이나 생명과학을 중심으로 책도 많이 읽고 관심을 가졌어도 수능최저기준을 맞추지 못하면 갈 수 없다는 뜻이다.

가령 우리나라에 12만 가지 직업이 있다고 치자. 그 많은 직업을 얻는 데 신체적 조건이 요구되는 경우는 많지 않다. 비행기 조종사는 시력과 키가 일정 기준 이상이어야 자격 조건을 맞출 수 있다. 의대 진학도 이와 결이 같다. 어떤 대학을 갈 때 수능최저기준 때문에 결정적으로 못 가는 경우는 있지만 흔하지는 않다. 의대는 수능최저기준을 못 맞추면 아예 못 간다고 보면 된다. 이 조건이 너무나 빡빡하다. 그런 측면에서 수시와 정시를 구분하기 전에 일단 의대를 목표로 할 때 수능최저기준이 안 되면 얘기조차 하지 말라는 것이다. 어떤 의대 설명회를 가든, 어떤 의대 관련 데이터를 보든 이 사실을 먼저 강조하는 경우는 보지 못했다. 여전히 수능 하면 마치 내신과 학종이 전부인 것처럼 말하지만 이는 거짓말이다. 제대로 가르쳐주지 않는 것도 거짓말이라고 본다면 그렇다는 말이다.

의대 정원 5,000명 가운데 수시가 3,000명, 정시가 2,000명이다. 여전히 수시가 많아 보인다. 서울, 부산, 인천, 강원 등 지역에 상관없이 수시가 더 많다. 그러니 내신이 더 중요하고 고등학교를 선택하는 게 마치 의대 입시를 결정하는 요소인 것처럼 말하는 왜곡된 정보가 많다. 하지만 실상은 그렇지 않다.

우리나라 의대 입시에는 지역인재전형이 꽤 많다. 경영학과에도 지역인재전형이 있지만, 상위권 학생은 경영학과의 지역인재전형을 활용하지 않는다. 예를 들면 광주에 사는 전교 1등 학생이 있다고 치자. 광주 전남대학교에 지역인재전형으로 갈 수 있는 경영학과가 있다. 그러면 전교 1등인 학생이 지역인재전형으로 전남대 경영학과에 간다고 할까? 아마 그런 선택을 하는 학생은 한 명도 없을 것이다. 부산 센텀고 전교 2등 학생이 경영학과를 지망한다고 치자. 정부가 고맙게도 부산대 경영학과 지역인재전형을 늘려줬다. 이 때문에 그 학생이 부산대 경영학과를 가겠다고 생각할까? 그럴 확률은 희박하다.

하지만 의대는 다르다. 지역인재전형이 늘면 늘수록 지방에 있는 전교 상위권 학생들이 전부 지역인재전형으로 의대에 쉽게 갈 수 있는 구조가 만들어졌다. 또 서울에 있는 공대나 서울대 경영학과를 가는 것보다 1등으로 의대에 가는 걸 선호한다면 부산대 의대를 가려는 게 당연지사일 것이다. 이처럼 지역인재전형의 영향력이 모든 걸 뒤엎는 요소가 되었다. 이것이 의대 입시인 것이다. 지역인재전형이 너무나 많다는 게 의대 입시의 또 다른 특징임을 알아두어야 한다.

유독 의대 입시에서만 진실을 가리는 공교육 현장

고3 학생들의 수능을 방해하는 것은 교육과정이다!(국어)

수능을 준비하는 고3은 정작 수능에 70% 이상이 나오는 문학과 독서와 작문은 학교에서 배울 수 없다. 당연히 수능에 50%나 연계되는 EBS 문학이나 독서와 작문도 학교에서는 다룰 수 없다. 교육과정이 사교육을 조장하는 셈이다.

- 2028학년도 입시에 해당하는 중1~3을 위한 자료.
  어차피 고등학생은 이 현실을 알고 있을 것이다.

학년	고1	고2	고3
국어 내신 과목	통합국어1 통합국어2	독서와 작문 문학	화법과 언어 문학과 영상 주제 탐구 독서 독서 토론과 글쓰기
국어 수능 과목		독서와 작문 문학	화법과 언어

학교 현장에서 의대 입시를 왜곡하는 경우가 너무 많다. 선생님들이 학생들과 상담할 때 가장 많이 이야기하는 내용이 지방 학생들은 지역인재 전형이 아니면 의대에 가기 힘들다는 것이다. 고등학교 3학년은 재수생한테 수능 점수가 밀리기 때문에 정시로 의대에 가는 건 불가능하다고 얘기한다. 그럴 수는 있다. 하지만 고등학교 3학년이 재수생에게 수능에서 밀리는 원인을 누가 제공했는가? 학교에서 3학년 때 배우는 과목이 수능 과목이 아닌데 어떻게 따라갈 수 있겠는가?

작년 의대 합격생이 3명인 학교에서 전교 13등에게 "그래도 남은 기간에 내신을 열심히 하면 의대에 갈 수도 있다."라고 이야기하는 상황이다. 1학년 내신이 전교 13등인 아이가 과연 등수를 뒤집어 전교 3등 안에 들어서 의대에 갈 수 있을까? 거의 불가능한데도 그 길밖에 없는 것처럼 얘기한다. 의대 합격생을 3명 배출한 학교에서, 의대를 꼭 가야 하는 전교 13등 학생한테 2학년 1학기, 2학년 2학기, 3학년 1학기 동안 내신을 올리고 열심히 학종으로 의대를 준비하면 갈 수 있다고 하는 건 거짓말이다.

필자가 후배들과 학교 선생님들에게 물어보았다. 의대 합격생을 3명밖에 배출하지 않은 학교에서 전교 3등인 아이에게 '내신을 열심히 관리해서 학종으로 의대에 갈 수 있다.'고 환상을 심어주는 것이 교육적으로 맞느냐고 말이다. 선생님들은 "선생인 자신이 보아도 그 아이는 2년간 아무리 준비를 해도 의대는 못 갈 것 같다."라고 답했다. 의대에 못 가겠지만 그래도 열심히 내신을 올려서 학종을 준비하면 하다못해 서울대, 연·고대, 아니면 서·성·한 공대라도 수시 학종으로 갈 수 있을까 해서 그렇게 조언한다는

지역인재전형을 실시하는 지역 의대에서

사실상 학종으로 선발하는 인원은 소수에 불과하다.

지역인재전형 의대 합격 로드맵 = 내신 성적 + 수능최저기준

2028학년도 해당 중학생은 지역인재 교과든 학종이든 일단 내신에서
2등급이 있으면 합격에 매우 불리해진다.
의대 합격에 필요한 조건은 '내신 10% 1등급 + 수능최저기준'이다.

• **2026학년도 충청 지역 지역인재 의대 모집 인원 현황**

	교과	학종	정시	계
충남대	36명	30명	39명	105명
충북대	52명	0명	64명	114명
건국대	11명	30명	22명	63명
단국대	52명	0명	22명	72명
순천향	36명	56명	0명	92명
건양대	52명	0명	12명	64명
을지대	62명	3명	0명	65명

것이다. 그러면서 그 아이의 미래를 보고 스승으로서 올바르게 조언했다고 말한다.

하지만 필자는 변명이라고밖에 생각되지 않는다. 고등학교 1학년 내신이 나올 때면 거의 2학년이 된 거나 다름없으니 열여덟 살이라고 볼 수 있다. 이 나이쯤 되면 적어도 자신의 인생을 스스로 판단할 수 있도록 올바

른 정보를 제공해줘야 한다. 만약 필자가 그 학생의 담당 선생님이라면 이렇게 조언할 것이다.

"너의 1학년 내신 성적이 13등이라서 등급 평균을 보면 2.13등급 정도야. 작년에 우리 학교 선배들은 내신 1, 2, 3등 정도만 수시 지역인재전형으로 세 명 정도 의대에 갔어. 지금 네 성적으로는 2학년 때 1등을 하고 공부한다고 해도 전교 3등 안에 드는 건 쉽지 않아 보여. 여기에서 판단을 잘 해야 해. 네가 여전히 의대에 가고 싶은 마음이라면, 현실적으로 의대에 갈 수 있는 방법은 수능을 잘 준비해서 정시로 가는 방법이 있어. 다른 방법은 없어 보이는구나. 그리고 네가 성적을 올리려고 애써서 내신 성적을 올리고 비교과를 열심히 준비하다 보면 수시로 의대는 못 가더라도 서울대, 연·고대 정도 서울 상위권 생명과학과는 도전해볼 여지가 있어. 서·성·한은 학종으로 충분히 생명과학이나 생명공학 쪽은 합격할 거야. 선생님이 제시할 방법은 이 정도야. 네 인생은 네가 결정하는 것이니까 정시를 준비해서 의대에 도전할지, 아니면 의대를 포기하는 한이 있더라도 서울 상위권 생명과학이나 생명공학 계열을 가도록 수시로 교과전형이나 학종을 준비할지 잘 생각해봐. 네가 결정하면 학교와 선생님은 충분히 네 결정에 맞게 응원하고 지원해줄게."

이렇게 말해줄 수 있어야 참된 스승이 아닐까. 마치 13등이 내신을 열심히 하고 세특을 열심히 쌓으면 의대에 갈 수 있을 것처럼 이야기하는 건 모순(사실은 뻥!)이다. 한 번도 그런 경우가 없었는데 마치 가능성이 있는 것처럼 열일곱 살 아이에게 이런 이야기를 하는 게 과연 어른으로서 바른지 생각해봐야 한다. 필자는 절대 아니라고 생각한다. 이게 '가스라이팅'이 아니고 뭐란 말인가. 적어도 알려줘야 할 정보는 확실하게 말해줘서 본인이 선택하게 해야 한다.

그러면 그 학생은 충분히 자신의 현재와 미래를 생각해보는 시간을 가질 것이다. "수능은 솔직히 자신 없어요. 최선을 다해서 내신을 올려보고 성적이 되면 의대 한두 개 내보고, 안 되면 대학에서 생명과학을 열심히 공부해 관련 분야로 제 인생을 설계해볼게요." 이렇게 진로를 학생 스스로 생각하고 결정할 기회를 줘야 할 것이다. 그런데 이런 걸 가르쳐주지 않고, 학생의 운명을 왜 선생님의 생각대로 단칼에 결정지으려 하는지 이해할 수가 없다. 유독 의대 입시에 관해 왜곡이 많은 학교 현실이 답답할 따름이다.

필요한 데이터는 스스로 만들자

검증되지 않은 데이터는 과감히 거르자. 『의대 합격 따라 하기 플래너』 또는 로드맵을 완성하면, 의대에 가고 싶은 학생이 이를 토대로 필요한 데이터를 스스로 만들 수 있다. 집이나 자동차를 살 때 중개인의 이야기만 듣고 살 수는 없는 노릇이다. 최선의 구매 조건을 확인한 다음 구매해야 하는 것과 같은 이치이다. 하물며 인생을 결정할 입시 문제에서는 자신에게 필요한 데이터를 주도적으로 취합하고 필요하다면 직접 만들어야 한다. 이 과정을 학생들이 자유자재로 실천하도록 이 책에도 내용을 성실하게 담아 충분히 연습하게 해주려 한다.

'대교협'이란 말을 들어보았을 것이다. '대학교육협의회'의 줄임말이다. 우리나라 대학 입시의 전면에 서 있는 기관으로서 대학들이 모여 협의회를 만들었다. 우리나라는 아이러니하게도 대학 입시의 모든 의사결정 권한을 이 대교협에 주었다. 대교협은 대학별로 결정한 모집 인원, 입시 요강, 결과 등을 자율적으로 모여 정리한 뒤 발표하고 최종적으로 결과를 공개한다. 정부는 이 모든 걸 총괄하는 조직인 대교협에 예산을 지원하고 고등학교 선생님 중 일부는 대교협 지원단이라는 이름으로 파견 근무를 하기도 한다. 그러니까 실제 운영자들이 데이터를 다 보여주고 가공하고 정리까지 하는 셈이다. 좋게 이야기하면 대학들의 자율적 운영이라고 보이지만, 색안경을 끼고 보면 '고양이에게 생선을 맡긴 꼴'이다. 왜냐하면 대학들이 입시를 좌지우지하고 본인들한테 유리하게 공개할 수 있기 때문이다.

사실 이 정보가 필요한 사람은 수요자이다. 실제 대학을 가려는 학생들에게 입시 정보가 골고루 제공되어 자신이 필요한 때에 그 정보를 바탕으로 자신에게 가장 유리한 좋은 조건을 선택하고 대학에 진학할 방법을 계획하고 준비하도록 도와야 한다. 그런데 우리나라는 이러한 정보를 대교협이 알아서 진행하는 구조이다. 매년 대교협은 『대입정보119』라는 자료집을 펴낸다. 2024 자료와 2025 자료도 이미 올라와 있다. 이러한 자료는 한번 더 업데이트해야 한다. 왜냐하면 의대 정원이 최근에 확정되어 1,500명 정도가 추가되어야 하는데 그 부분이 빠졌다. 이러한 자료는 2025학년도, 그러니까 지금의 고등학교 3학년이 대학에 가는 데 활용하도록 계획안을 작년 4월 30일 모든 대학이 발표했는데, 이를 모아 자료집으로 만든 것이다. 그중 '의약학계열119' 부분에 나와 있는 모집 인원이다. 필자는 우리나라 의대 입시 데이터가 따로국밥이라고 언급했다. 그 이유를 설명하겠다. 이 자료집에 나와 있는 모집 인원 숫자를 보면 착각을 일으키기 쉽다.

지역	대학명	전체 모집 인원	수시 모집				정시 모집			
			학생부 교과	학생부 종합	논술	소계	가군	나군	다군	소계
서울	가톨릭대	93	10	27	19	56	37			37
	경희대	110	22	29	15	66		44		44
	고려대	106	17	49		67	39			39
	서울대	134		95		95				39
	성균관대	40		25	5	30	10	39		10
	연세대	110	15	48		63	47			47
	이화여대 인문	8						8		8
	이화여대 자연	68		18		18		50		50
	중앙대	85		25	18	43		42		42
	한양대	110		58		58	52			52
인천	인하대	49	12	16	5	33	16			16
경기	가천대	40	5	20		25	15			15
	아주대	40		20	10	30		10		10
강원	가톨릭관동대	49	27	2		29			20	20
	강원대	49	25	9		34	15			15
	연세대(미래)	93	16			72		21		21
	한림대	76		46		46		30		30
대전	건양대	49	37			37	12			12
	을지대	40	25			25		15		15
	충남대	110	46	25		71		39		39
충남	단국대(천안)	40				15			25	25
	순천향대	93	30	33		63			30	30
충북	건국대(글로컬)	40	10	20		30		10		10
	충북대	49	15	8		23		26		26

지역	대학명	전체 모집 인원	수시 모집				정시 모집			
			학생부 교과	학생부 종합	논술	소계	가군	나군	다군	소계
대구	경북대	110	18	63	7	88	22			22
	계명대	75	43	13		56			20	20
경북	대구가톨릭대	40	24	4		28			12	12
	영남대(WISE)	49	24	15		40	19		9	9
	영남대	76	41			41		35		35
부산	고신대	76	58			58			18	18
	동아대	49	18	12		90	19			19
	부산대	125	30	35	15	80		45		45
울산	울산대	40		30		30	10			10
경남	경상국립대	76	43	7		50	26			26
	인제대	93	56			56	37			37
광주	전남대	125	83	10		93	32			32
	조선대	125	63	10		73			52	52
전북	원광대	93		71		71			22	22
	전북대	142	79	5		84			58	58
제주	제주대	40	20			20			20	20
합계		3,016	913	905	109	1,927	389	566	134	1,089

- 학생부교과(지역인재 제외) 실시 대학 현황

지역	대학	전형명	모집 인원	전형방법	수능최저학력기준
서울	가톨릭대	지역 균형	10	학생부100(인/적성 면접)	국, 수(미/기), 영, 과(절사) 4개 합 5등급, 한 4
	경희대	지역 균형	22	교과/비교과70+ 교과종합평가30	국, 수, 영, 탐 중 3개 합 4등급, 한 5
	고려대	학교 추천	18	학생부80+서류20	국, 수, 영, 과 4개 합 5등급, 한 4
	연세대	추천형	15	학생부100	국, 수(미/기), 과1, 과2 중 국 또는 수 포함 1등급 2개, 영 3, 한 4
인천	인하대	지역 균형	12	학생부100	국, 수, 영, 탐 중 3개 각 1등급
경기	가천대	학생부 우수자	5	학생부100	국, 수(미/기), 영, 과(절사) 중 3개 각 1등급
강원	가톨릭 관동대	일반	15	학생부100	국, 수(미/기), 영, 과(절사) 중 3개 합 4등급
	강원대	일반	10	학생부100	국, 수, 영, 과(1) 중 3개 합 5등급 (수학, 과탐 포함 필수)
	연세대 (미래)	교과 우수자	16	학생부80+면접20	국, 수(미/기), 영, 과1, 과2 중 4개 합 5등급, 영 2, 한 4
대전	건양대	일반학생 (최저)	10	1단계(5배수): 학생부100 2단계: 1단계80+면접20	국, 수, 영, 과(절사) 중 3개 합 4등급

• 논술전형 실시 대학 현황

지역	대학	전형명	모집 인원(명)	전형방법	수능최저학력기준
서울	가톨릭대	논술	19	논술80+교과20	국, 수(미/기), 영, 과(절사) 중 3개 합 4등급, 한 4
	경희대	논술우수자	15	논술100	국, 수, 영, 탐 중 3개 합 4등급, 한 5
	성균관대	논술우주	5	논술100	국, 수, 영, 탐 중 3개 합 4등급
	중앙대	논술	18	논술70+ 교과20+출결10	국, 수, 영, 탐 4개 합 5등급, 한 4 (영어 반영 시 1, 2등급 통합하여 1등급 처리)
인천	인하대	논술우수자	5	논술70+교과30	국, 수, 영, 탐 중 3개 각 1등급
경기	아주대	논술우수자	10	논술80+교과20	국, 수, 영, 탐 4개 합 6등급
강원	연세대 (미래)	논술우수자 (창의인재)	15	논술100	국, 수(미/기), 과1, 과2 중 3개 1등급, 영2, 한4
대구	경북대	논술(AAT)	7	논술70+교과30	국, 수(미/기), 영, 과 중 3개 합 4등급 (과탐 포함 필수)
합계			97		

• 대학별 논술 유형

논술유형	대학
수리논술	가톨릭대, 성균관대, 인하대, 중앙대
수리논술 + 과학선택[물리학, 화학, 생명과학]	경희대, 연세대(미래)
수리논술 + 생명과학논술	아주대
수리논술 + 의학논술	경북대

• 의약학계열 전형별 모집 인원 및 비율

(단위: 명/%)

구분	학생부교과		학생부종합		논술위주		수능위주		전체 모집 인원
	모집인원	비율	모집인원	비율	모집인원	비율	모집인원	비율	
의학	913	30.3	905	30.0	109	3.6	1,089	36.1	3,016
치의학	146	23.2	203	32.2	24	3.8	257	40.8	630
한의학	273	37.7	192	26.5	26	3.6	234	32.3	725
수의학	225	45.4	109	22.0	9	1.8	153	90.8	496
약학	516	29.5	420	24.0	90	5.1	724	41.4	1,750
계	2,073	31.3	1,829	27.6	258	3.9	2,457	37.1	6,617

의대 입시 모집 인원에 대한 오해

가톨릭대 전체 모집 인원이 93명인데, 수시가 56명, 정시가 37명이다. 이것만 보면 수시가 압도적으로 많다고 생각하기 십상이다. 학생부와 연관된 인원이 37명이고, 정시는 수능 100%라서 수능만으로 뽑는 인원이 37명, 논술은 별도로 19명이다. 이렇게 분석하다 보면 수시가 56명이고 정시가 37명인데, 학생부와 연관된 인원이 37명, 수능과 연관된 인원이 37명, 논술은 또 논술 100%이다. 그러니까 논술과 연관된 것은 별도인 셈이다. 논술은 수시에 포함된다. 그런데 정작 논술전형은 내신을 반영하지 않는다. 논술은 수능 수학 서술형 시험이다. 시기는 수시이지만 선발 방법은 정시인 셈이다.

분석하지 않은 상태에서 보면, 중학생이나 고등학교 1학년은 수시가 많다고 생각할 것이다. 중학교 3학년이 이 자료를 보면, 내가 고등학교에 가서 가톨릭의대에 갈 준비를 하려면 내신이 중요하니 내신 공부부터 해야겠다고 잘못된 상상력을 발동할 수 있다.

의대 입시에서는 학종도 교과 성격이 매우 강하다. 가톨릭대는 27명을 뽑는데, 원서 지원 자격이 학교당 1명만 있다. 가톨릭대 학종은 전교 1등이 아니면 지원 자격 자체가 없는 셈이다. 경희대는 29명을 학종으로 뽑는데, 보통 800~1,000명 정도가 원서를 낸다. 전국의 고등학교가 2,000개인데 그중에서 1,000명 정도가 경희대에 학종으로 원서를 내는 셈이다. 그러면 1,000명 중에서 국어, 영어, 수학, 과학, 사회를 모두 잘하는(주요 과목 모두 1등급) 학생이 적어도 500명은 될 것이다. 경희대는 4배수를 뽑는다. 그러니까 30명이라고 쳐도 1단계 통과자는 100명 조금 넘는다. 경희대에 원서를 냈을 때 국어, 영어, 수학, 과학, 사회를 모두 잘하는 학생이 1단계 서류를 통과할 확률이 매우 높다. 그런 반면 수학, 생명과학, 화학을 잘하지만 영어가 조금 부족한 학생은 1차 관문도 통과하지 못할 확률이 높다.

의대를 학종으로 지원하는 학생은 대부분 내신 성적이 화려하다. 의대 입시에서는 전공적합 등이 고려될 여지가 거의 없다. 의대 입시는 이미 너무나 탄력 없이 어느 학교 몇 등까지 어느 의대에 갈 수 있다는 것이 고착화된 입시라고 볼 수 있다. 그 결과는 이미 모든 고등학교와 대학교별로 10년 이상 축적되어 있다. 이것을 뒤집는 건 불가능하다고 할 수 있다. 의대 입시를 여기까지 정리해보면 너무나 명확하다. 수시는 수능최저기준을 충족한 학생들이 내신 성적 순서대로 간다. 학교마다 몇 등까지 갈 수 있는가는 차이가 있다. 그리고 정시는 수능 성적 순서대로 간다.

모집인원을 보여주는 표에 반드시 수능최저와 결과를 같이 표기해 주어야 한다. 그냥 모집인원 따로, 수능최저 따로 보면 직관성이 떨어진다. 의대 입시 준비의 시작은 이렇게 자신이 목표하는 의대의 전형별 모집인원과 수능최저를 단일한 표로 만들어서 책상 앞에 붙이는 것부터다.

필요한 공부만 최적의 시기에!

목표 의대 단일한 표로 만들기

가끔 상담을 하거나 유튜브 혹은 홈페이지에 올라오는 질문을 살펴보면 "초등학생인데 의대에 꼭 가고 싶어요.", "의사가 가업이라 꼭 이어야 해요.", "지방으로 가면 유리한가요?" 같은 질문이 보인다. 필자가 그 질문에 유일하게 답할 수 있는 건 "어쨌든 지방으로 가는 게 의대 입시에 유리한 건 맞다."이다. 다음으로 수능 준비와 관련한 질문이 많다. 의대 입시 구조만 봤을 때 아이러니하게도 고등학교에 입학하는 순간 수능을 준비하기가 어렵다. 내신 준비하는 데 시간이 너무 많이 들기 때문이다. 문제는 내신을 준비하면 수능 준비에도 도움이 되어야 하는데 실제로 내신과 수능은 연결되지 않는 부분이 너무 많다.

어떤 학생이 고등학교에 입학한다고 가정해보자. 1학년에서 주로 배우는 내신 주력 과목을 살펴보면 수학은 '수학 상·하'이다. 지금 중학교 3학년부터(2028학년도 입시생) '수학 상·하'가 '공통수학1·2'로 바뀐다. '수학 상·하' 또는 '공통수학1·2'는 수능 범위가 아니다. 그런데 한 학년당 1학년 1학기 중간과 기말, 2학기 중간과 기말까지 총 네 차례 시험을 본다. 보통 학원에서 중간과 기말 대비하는 데 6주 정도 잡는다. 그러면 학생들이 학원에서 1학기 중간고사 6주, 기말고사 6주, 2학기 중간고사 6주, 기말고사 6주를 보내야 한다. 수학 학원을 일주일에 두 번씩 가고 그때마다 3~4시간씩 공부하는 것을 6주나 반복하는 것이다.

국어는 1학년 때는 주로 문법을 공부하고 국어 공부를 위한 기본 소양을 배우는데 이 역시 수능에 직접적으로 출제되지 않는다. 영어도 마찬가지이다. 상황이 이렇다 보니 어마어마하게 내신을 대비하는데 실제로 수능 과목이 아닌 공부를 많이 한다. 2학년이 되면 수학은 그래도 '수학1·2'가 수능 주력 과목이기는 하다. 그런데 대부분 이과에서는 이때 기하를 공부하는데 이는 수능 주력 과목이 아니다. 더욱이 2028학년도 입시생은 수능에 기하가 나오지 않으므로 굳이 기하를 공부하지 않아도 된다.

'영어1·2'는 수능 과목이고, 국어도 '문학과 독서'를 하는데 이것도 수능 과목이다. 그다음 탐구에서 이과 학생들은 보통 물리1, 화학1, 생명과학1을 주력 과목으로 많이 선택한다. 이때 수능은 생명과학1, 지구과학1을 보기도 한다. 과학이나 사회는 내신 과목 중 일부만 수능 과목이다.

2028학년도부터는 어떻게 바뀔까? 2학년 때 배우는 물리학, 생명과학, 지구과학, 화학이 수능 과목이 아니다. 그런데 내신 대비라는 명목하에 수능 과목이 아닌 과목에 많은 시간을 허비해야 하기에 3학년이 되면 갈피를 못 잡을 수 있다. 고등학교 3학년은 어느 학교, 어느 과목을 보더라도 수능이 아닌 과목만 내신으로 죽어라 공부해야 한다.

중학교 사교육 시장에서 '수능을 준비할 필요 없고 특목고 준비하라.'는 식으로 하는 이야기는 '의대 입시' 관점에서는 허무맹랑한 소리이다. 그때마저 수능 공부를 안 하고 특히 특목고나 자사고를 가는 순간, 수능 과목은 아예 공부할 기회 자체가 없어질 확률이 높아진다. 중학교 빼고는 수능을 준비할 시간이 없다는 점은 기정사실이다. 이러한 현실은 아마도 겪어본 학생과 부모님들이 가장 잘 알 것이다.

다시 한번 강조하지만 수능을 준비할 최적기는 중학교 때이다. 여기까지 의대 입시를 본격적으로 준비하기에 앞서 의대 입시 구조를 확인해보았고, 핵심은 '목표 의대 단일한 표로 만들기'라는 점을 밝혔다. 의대에 진학하려면 중학교 때부터 착실히 준비해야 한다. 가장 중요한 시기인 중학교 때부터 의대에 가려면 하지 말아야 될 것에 시간을 많이 투자하면서 헛고생하는 경우가 매우 많으니 이를 경계해야 한다. 그래서 의대 입시 구조를 잘 파악하고 나에게 맞는 형태로 데이터 마이닝을 해야 한다. 내가 목표하는 의대 모집 인원과 수능최저기준, 전년도 결과를 단일한 표로 만들어야 한다.

★ 2장 ★

의대 입시 공략법과 모집 인원 분석

이번에 증가한 의대 모집 인원은 필수 의료 인력 부족과 지역 의료 인프라 부족 등을 이유로 대부분 지역인재로 배정되었다. 이제 키(key)는 '어디에 살고 있느냐?'이다. 지역인재전형에서는 최종 자격이 '고등학교 소재지가 어느 도인가?'에 따라 결정되기 때문이다. 이전에는 중학교 3학년까지 인천에 살다가 고등학교 때 부산으로 이사를 갔다면 부산, 울산, 경남(이하 부·울·경) 지역 대학에 지역인재전형으로 지원할 수 있었다. 대전에서 고등학교를 나오면 대전, 충남, 충북 지역 대학에 지역인재전형으로 지원할 수 있었다. 서울에 사는 중학생이 전주 상산고에 진학하면 호남 지역 의대에 지역인재전형으로 갈 수 있었지만, 이제는 중학교를 서울에서 나오면 상산고, 포항제철고, 부산 일반고를 3년간 다녀도 지역인재전형으로 지원할 수 없다. 이 부분이 의대 수시에서 가장 중요한 요소가 되었다.

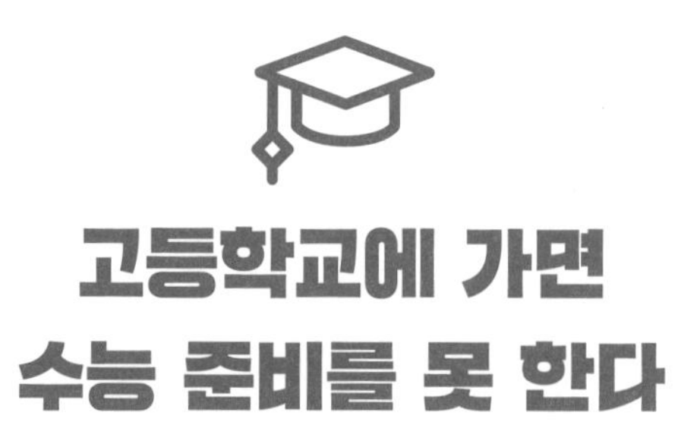

고등학교에 가면 수능 준비를 못 한다

고등학교에 입학하면 수능 공부를 할 수 없다! 과학

- 학부모들의 착각 - 자신들은 고3 때 내신을 공부한 것이 곧 수능 과목이었다. 특목고도 정시로만 대학에 진학했기 때문에 '내신 따로, 수능 따로'란 의미를 잘 모른다. 실제 수능 과목과 고등학생이 내신에서 공부하는 과목을 비교해야 한다. 확실히 학종을 강조하는 고등학교일수록 수능 준비에는 불리하다.

- 의대에 합격하려면 중학교 때 수능은 개념이라도 마무리하고 고등학교에 진학해야 한다.

학년	고1	고2	고3
과학 내신 과목	통합과학1 통합과학2	물리학 화학 생명과학 지구과학	역학과 에너지 물질과 에너지 세포와 물질대사 생물의 유전
과학 수능 과목	통합과학1+2		

정작 수능 준비에 올인해야 하는 고등학교 3학년 때 우리나라 고등학교에서는 수능 수업을 해주지 않는다. 너무도 이상한 시스템이다. 수능최저기준이 그리 중요하지 않은 공대 학종에는 크게 중요하지 않지만 수능최저기준의 비중이 너무나 큰 의대에는 가히 치명적이다. 가정에서 사교육에 의존하지 않는 이상 의대 입시의 수능최저기준을 맞추기는 어렵다. 의대도 수능최저기준을 낮추든지, 아니면 공교육에서 수능 준비를 공식적으로 해주든지 해야 한다. 하지만 이는 하루 이틀 해결될 문제는 아니므로 현재 중학생은 중학교 때가 수능을 준비할 시간이 가장 많은 시기임을 명심하자.

의대 입시에서 수능은 당락을 가르는 결정적 요소이다. 지역인재는 학생이 따로 준비할 게 없지만 수능은 결이 다르다. 그런데 수능 준비와 관련해서 몇 가지 잘못 알고 있는 게 있다. 단도직입적으로 말해서 고등학교에 가면 수능을 준비할 수 없다. 고등학교에 입학한 순간부터 수능을 준비하기가 너무나 어려운 게 현실이다. 가장 큰 이유는 내신을 준비하는 데 시간이 절대적으로 소요되기 때문이다.

고등학교 생활을 한번 상상해보자. 1학년이 되어 3월이면 반장 선거, 환경 미화, 동아리 가입 등 여러 가지 활동을 한다. 3월 말이 되면 내신 범위가 발표되고 실제로 중간고사는 4월 말에 진행된다. 3월과 4월에는 수능의 '수' 자도 꺼내지 못하고 정신없이 지나가버린다. 그리고 중간고사가 끝나고 나면 성적이 안 나온 학생들은 기말고사에서 만회하려고 일찌감치 기말고사 준비에 들어간다. 중간고사를 힘들게 준비한 탓에 어버이날, 어린이날, 스승의 날 등을 핑계로 5월 초는 약간 풀린 상태로 보내게 마련이다.

그리고 5월은 '가정의 달'이라 쓰고 '수행평가의 달'이라고 읽는 달이다. 수행인지 고행인지 어영부영하다 보면 기말고사를 준비해야 한다. 동네 내신 전문 학원들은 신이 나서 마케팅을 한다. '중간고사가 어려웠으니 기말고사는 6주나 8주 동안 준비해야 한다.'는 등 엄청난 마케팅을 동원한다. 그러면 가만히 있던 학생들도 내신을 준비하기 시작한다.

그렇게 7월 초에 기말고사가 끝나면 곧 방학이다. 이때 무엇인가 해보려고 하는데 방학이 짧아서 이마저도 어영부영 3주가 훌쩍 지나가버리는 경우가 많다. 사실상 여름방학은 여름휴가 수준이다. 그러면 2학기가 시작되어 곧바로 중간고사 범위가 발표되고, 중간고사가 끝나면 아니나 다를까 '수행평가의 달'이 또 다가오고 곧이어 기말고사 범위가 발표된다. 또 내신 준비 시기를 내신 학원에서 불태우면 1년이 훌쩍 지나가고 만다. 1학년 겨울방학을 맞이해도 수능 준비는 둘째치고 또다시 2학년 1학기 내신 대비에 몰두해야만 한다. 2학년이 되어도 1학년 때와 똑같은 쳇바퀴를 돌고 그렇게 3학년이 된다. 그런데 학교에서는 수능이 아닌 과목만 개설한다. 50%가 연계된다는 EBS 수능 특강과 수능 완성은 어떻게 할까?

고등학생이 되면 사실상 수능을 준비하기 어렵다는 이야기이다. 방학 때 일부를 준비할 수 있겠지만 여름방학은 기간이 짧아서 수능을 준비하는 데 의미가 없다. 실제적인 수능 준비 기간은 겨울방학 두 달이라고 봐야 한다. 고등학교에 올라가서 최대로 수능을 준비할 수 있는 기간이 고작 겨울방학 두 달이라는 말이다. 중학교 시기에 적어도 수학과 국어는 수능 기초를 완성하고 고등학교에 입학해야 한다. 개념과 기출 유형 익히기는 기본이고 수능식 공부 방법에 익숙해져야 한다.

비유하자면 내신은 계곡이고 수능은 연못이다. 한 번 지나간 내신은 다시 돌아오지 않는다. 그래서 현재의 과목과 범위에만 충실하면 된다. 하지만 수능은 고인물이다. 수능 범위를 열 번이고 백번이고 반복해서 까먹지 않고, 어떤 상황에서도 실수가 없어야 한다. 수능식 공부에는 유형을 무한 반복하는, 정말 지겨운 1980년대식 공부를 버티는 끈기와 단순한 반복 공부를 끊임없이 해내는 인내가 요구된다. 이 루틴이 중학교 때 어느 정도 습관으로 형성되어야 한다. 그래야 고등학교에 입학해서도 내신과 내신 사이에 수능 공부를 할 수 있게 된다. 가장 좋은 루틴은 '학교에서 내신, 저녁에 수능' 또는 '주중 내신, 주말 수능'의 패턴을 고등학교까지 유지하는 것이다.

중학교 때 수능 준비하는 아이가 의대에 간다

현재 고등학교 2학년은 국어에서 문학과 독서를 배우는데 이는 수능 과목이 맞다. 수학에서 수학1과 수학2는 수능 과목이고 기하는 수능 범위가 아니다. 일부 학교에서는 의대를 준비하는 이과 학생들도 확률과 통계를 배운다. 확률과 통계 역시 수능 과목이 아니다.

문제는 탐구 과목이다. 보통 고등학교 2학년 때 과학 3과목, 사회 1과목을 공부한다. 과학은 물리1, 화학1, 생명과학1, 지구과학1 중에서 3개를 선택한다. 그런데 이과 학생들은 수시로 대학에 간다는 의욕이 앞서서 꼭 물리1, 화학1, 생명과학1을 신청한 뒤 내신을 열심히 한다. 대개 내신을 대비할 때 고등학교 2학년은 물리1을 제일 열심히 한다. 가장 어렵기 때문이다. 물리1을 학원에 다니며 열심히 공부하고 그다음 화학, 생명과학 순서로 매진한다. 그렇게 2학년이 지나갔다.

그런데 막상 공부해보니 물리와 화학을 수능 과목으로 선택하기에는 너무 어려울 것 같은 느낌이 든다. 그래서 정작 수능에서는 물리와 화학이 아니라 생명과학1과 지구과학1을 선택한다. 2학년 때 내신으로 공부한 과목을 정작 수능 과목 선택에서 버리는 것이다. 이렇게 되면 2학년 과학 내신 공부는 사실상 수능 준비와 무관해진다. 그런데 고등학교 3학년이 되면 또 답이 없는 것이, 한두 과목을 빼고는 모두 수능 과목이 아니다. 물리2, 화학2 또는 화학2, 생명과학2를 해야 하는데 모두 수능 과목이 아니다.

'내신이 중요하다.'는 생각이 아이들 머릿속에 선입견으로 자리 잡는 순간, 정작 고등학교에서 수능을 준비할 수 없는 게 현실이다. 극단적으로 정의하면 고등학교 3학년에게 내신과 수능은 상극이다. 내신과 수능을 둘 다 잘하는 건 너무나 벅찬 일이다. 실제로 고등학교 2, 3학년 때 내신을 열심히 한 학생은 수능 공부 시간이 상대적으로 줄어든다. 이러한 상황을 부모님은 잘 이해하지 못한다. 부모님 세대는 학교에서 하던 내신 과목이 그대로 수능 과목이었지만, 지금은 완전히 달라졌기 때문이다. 현재는 고등학교 3학년 때 공부하는 과목이 대부분 수능과 아무 상관이 없다.

현재 고등학교 1~3학년 학생들이 보는 수능은 국어는 독서와 문학이 공통이고, 화법과 작문이나 언어와 매체 중 하나를 선택해야 한다. 지금의 중학교 1~3학년까지 공통으로 적용되는 사항이다. 수학은 현재 고등학생은 수학1, 수학2를 공통으로 하고, 확률과 통계 또는 미적분, 기하 중 한 과목을 선택해야 한다. 그런데 의대에 가는 학생은 90% 정도가 미적분을 선택한다.

'의대 합격'을 기준으로 보면, 현재 고등학교 1~3학년은 수능에서 무조건 수학1·2, 미적분을 볼 것이다. 내년에 고등학교 1학년이 되는 학생들부터는 선택 과목 중 미적분과 기하가 사라지고 확률과 통계가 들어간다. 영어는 지금과 동일하다. 이과생은 과학이 현재 물화생지(물리, 화학, 생명과학, 지구과학)1·2 8과목 중 두 개를 선택하지만 내년에 고등학교 1학년이 되는 학생들부터는 사회도 통합사회, 과학도 통합과학을 필수로 하게 된다. 이러한 것들이 수능 과목이다. 이공계로 진학할 학생은 자사고나 특목고에 가면 수능을 걱정하지 않고 학종만 잘해도 충분히 좋은 대학에 갈 수 있다. 문제는 의대이다. 의대만 매우 높은 수능최저기준을 내걸고 있다. 수능 공부가 하기 싫으면 의대 수시에서 수능최저기준을 없애라고 시위라도 해야 한다.

분명히 이야기하지만 공대에 가려면 영재고, 과학고가 절대적으로 유리한 게 맞다. 그러나 의대를 준비하는 입장에서는 수능최저기준이라는 부담이 가중된다. 학종에는 자사고가 유리해 보이는데, 수능을 준비하기에는 일반고가 유리하다. 그렇다면 해결책은 단 하나. 의대가 목표라면 중학교 때 수능 실력 갖추기를 끝내야 한다. 수능 주력 과목인 수학1·2, 현재 중학교 1~3학년은 '대수', '미적분1'로 바뀐 과목까지 선행 진도를 나가고 기본 개념까지는 완벽히 익혀야 한다. 국어는 문학, 독서 파트까지 전체 개념을 정리할 필요가 있다. 과학은 통합과학, 사회는 통합사회까지 개념을 완성하고 고등학교에 입학하기를 바란다. 고등학교 때는 내신의 압박감 때문에 수능 공부를 새로 하고 실력을 갖추기에는 시간적 여유가 없다는 걸 인지해야 한다.

이미 고등학생이 된 친구들은 내신을 하면서 동시에 수능을 유지해야 한다. 여기에서 수능을 '유지'한다는 개념은 2학기 때 내신 때문에 수학2를 집중적으로 공부하더라도 일주일에 한 번 정도는 통으로 모의고사를 보고 상세한 풀이 과정까지 놓치지 않도록 앞 단원을 계속해서 점검하며 실전 감각을 지키라는 것이다. 내신만 열심히 하면 수능과 점점 거리감이 생기게 된다. 내신만 공부하느라 수능을 희생하는 일은 없도록 하자는 말이다. 공대 입시는 비교적 빡빡하지 않다. 서울대 공대는 수능최저기준이 없고 연·고대는 수능 2등급만 받으면 된다. 서·성·한은 수능최저기준이 없고, 카이스트와 포항공대도 마찬가지이다. 그런 반면에 의대는 소수의 의대를 빼고는 대부분 수능최저기준이 있다. 연대는 1등급을 2개 받아야 하고, 고대는 4과목 합이 5등급 이내(이하 4합5)이며, 대구·경북에 있는 학교들 모두 수능최저기준이 있다. 지방에 있는 대학도 수능최저기준이 다 높다. 그렇다 보니 의대에 갈 학생이라면 반드시 중학교 때 수능 실력 갖추기를 마무리 지어야 한다. 고등학교에 들어가서 1학년부터 지속적으로 수능 득점 능력 '유지'를 병행하지 않으면 의대에 가기 힘들다. 이 점을 꼭 명심하자.

이제 구체적으로 의대 모집 인원을 분석해보자. '의대를 준비하다가 안 되면 서울대 공대에 갈 수 있겠지.'라고 생각하면 오산이다. 실제 입시 전형이 만만치 않으므로 이 둘을 같이 준비할 수는 없다. 설령 같이 준비했다고 하더라도 결국에는 의대에 가지 못한다.

의대 모집 인원 분석

❶ 대학별

지난 4월 2026학년도 '전형 계획안'이 발표되었다. 현재 고등학교 2학년이 의대에 가는 모집 인원을 39개 대학별로 주요 전형만 정리했다. 대학별로 하나씩 분석해보자.

수도권

• 서울대

전체	수시				정시			
	교과/학추	학종		논술	수능			
	교과	일반	기회	일반	일반	교과	농어촌	기회
140	39(3합7)	50(X)	7(X)	0	29	10	1	4

전체 140명을 뽑는다. 수시에서 지역균형전형(학교장추천)으로 39명, 일반

전형(일반 학종)으로 50명을 선발한다. 정시로는 수능 일반과 내신을 반영하는 지역균형을 합해서 39명을 선발한다. 수시 지역균형은 학종이기는 하지만 학교장추천이어서 주로 일반고나 자공고에서 학교마다 2명을 추천하고 그 2명이 의대를 포함한 서울대 전체 학과에 지원한다. 현재 고등학교 2학년까지는 2명인데, 현재 중학생부터는 3명까지 늘려보겠다고 한다.

지역균형을 이해해보자. A고등학교에서 교장 선생님이 서울대에 원서를 낼 학생을 2명 선발한다고 할 때 당연히 성적순으로 선발하게 된다. 성적 이외의 요소가 들어가면 당장 공정성 시비가 일어날 테니 말이다. 그러니 가장 간단하게 성적순으로 후보 2명을 선정할 가능성이 높다. 그렇게 선정된 2명에게 서울대 지역균형 지원 기회가 주어지는 것이다. 추천받은 2명이 모두 의대에 지원해야 하는 것은 아니다. 2명 중에서 1명은 의대, 1명은 농대에 지원할 수도 있다. 아예 의대 지원을 금지하는 고등학교도 있다. 교장 선생님이 "의대는 합격할 가능성이 낮으니 안 된다."라고 하면 못 내는 것이다. 그래도 의대에 지원하겠다고 해도 학교장추천에서 제외한다고 우기면 어쩔 수 없는 일이다.

1,700개 일반고에서 작년 의대 입시(2024학년도)에 지역균형으로 지원한 학생은 고작 313명이다. 1,700개나 되는 일반고 1등 중에서 의대 지원을 허락받은 1등이 313명인 셈이다. 학생 스스로 의대를 지원하지 않은 경우도 있겠지만 의대 지원을 희망했지만 가로막힌 학생도 많을 것이다.

지역균형으로 자사고나 특목고 출신 학생이 합격하는 경우는 거의 없다. 실제로 서울대가 발표한 자료에 따르면 의대를 포함한 서울대 2024년 신입생 합격 인원을 보면, 지역균형 합격생 501명 가운데 일반고가 458명으로 91.4%에 달한다. 뒤이어 자공고 학생이 26명으로 5.2%이고 자사고는 17명으로 3.4%에 그친다. 영재학교, 과학고, 외고, 국제고 등 특목고 학생은 1명도 없다. 지역균형으로는 확실히 일반고 위주로 뽑는다. 그리고 수능 최저기준이 낮다. 3합7이다. 일반고 내신 1등인 학생이 가장 쉽게 서울의대에 합격하는 길이다.

서울대의 학종은 일반전형이라고 한다. 1단계에서 서류 100%(학생부 100%)로 2배수를 뽑고, 2단계에서 면접을 실시한다. 수능은 반영하지 않는다. 여기에 대한민국에서 내로라하는 최강자가 모여든다. 서울과학고(영재학교) 약 15명, 경기과학고 약 5~10명, 다른 영재학교나 과학고에 이어 전국단위 자사고인 상산고, 외대부고, 민사고, 하나고 최상위권, 강남권 최상위권 등 하여간 고등학교 내신으로 한가락씩 하는 학생들은 모두 모여든다. 정말 가장 치열한 서류 평가의 장이다.

그런데 희한하게도 서울의대 일반전형 합격자를 보면 일정한 학교에서 일정한 인원으로 합격한다. 블라인드라고 하는데 마치 학교 이름을 알고 뽑은 것처럼 매년 비슷한 결과를 낸다. 서울과학고 학생이 평균적으로 3명 정도 합격한다. 같은 영재학교이지만 나머지 영재학교에서는 웬만해서는 합격생을 배출하지 못하고 있다. 과학고 학생도 거의 없다. 소위 빅4 자사고라고 불리는 상산고, 외대부고, 민사고, 하나고에서는 매년 한두 명씩 합격한다. 간혹 3명이 합격하기도 하지만 흔치 않은 일이라 일반화하기 어렵다. 필자는 3명이 합격하는 경우는 그해 전교 1등이 거의 공동으로 3명이

존재하는 경우라고 생각한다. 휘문고, 경기고, 숙명여고, 민사고 등에서 최근 3명이 동시에 합격한 사례가 있다.

빅4 자사고를 포함한 전국 단위 자사고 열 곳에서 평균 15~20명 정도 합격생을 배출한다. 그리고 강남권과 대구 수성구권에서 각각 10~15명 수준으로 합격생을 배출한다. 나머지는 의대 입시에 강했던 서초권 세화고나 양천권 강서고, 분당권 낙생고, 부산 해운대권 해운대고, 충청권 공주한일고 등 소위 명문고에서 적어도 2년에 1명 이상 합격생을 배출하고 있다. 나머지는 지역 안배를 하는지 광주에서 1~3명, 대전에서 1~3명, 서울 강북에서 1~3명 등 골고루 나뉘는 경향을 보인다.

기회균형도 학종이다. 기회균형을 낼 수 있는 학생은 농어촌, 저소득 가정, 다문화 가정, 국가 유공자, 장애인 등이다. 일반적인 학생들은 여기에 해당하지 않는다. 정시에서도 농어촌 1명, 기회균형 4명을 선발한다. 정시에서 선발하는 39명은 그해 수능 39등까지 간다고 보면 된다.

수시로는 원서를 6회 지원할 수 있다.

2등은 사실상 7등이다.
A고등학교 1등과 2등 학생이 모두 의대 지망생이라고 할 때 1등은 서울대, 연세대, 성균관대, 가톨릭대, 고려대, 경희대에 지원할 것이다. 그렇다면 2등은?

• 연세대

전체	수시				정시			
	교과/학추	학종		논술	수능			
	교과	일반	기회	일반	일반	교과	농어촌	기회
114	15(2개1)	45(2개1)	3(X)	0	47	0	1	1

* 1,700여 개 일반고가 있는데 순수 내신 전형이 15명이라는 것은 1등 중에서도 내신 성적이 최고인 학생만 갈 수 있다는 말이다.

전체 114명을 뽑는다. 수시에서 내신만으로 가는 교과전형, 지금 고등학교 1~3학년은 내신이 100%이다. 그러니 어쨌든 전교 1등이 유리하다. 전교 1등은 다양한 전형에 낼 수 있다. 2등은 서울대에 못 내고 어쩌면 연세대도 못 낼 수 있다. 게다가 15명밖에 안 뽑는다. 수능최저기준이 2과목 1등급을 받고, 영어가 필수로 3등급 이상이어야 한다. 그러니까 사실은 2개 1등급보다 더 까다로운 수능최저기준인 셈이다. 학종으로는 45명을 뽑는데 이 역시 수능최저기준이 2과목 1등급과 영어 3등급이 붙어 있다. 연세대 학종은 활동우수전형이라고 한다. 보통 서울대 지원자와 겹치는 경우가 많다. 일반고 출신이 아니면서 서울대 일반전형에 지원한 어마어마한 학생들이 서울대와 연세대 학종에 동시에 지원한다. 또 기회균형으로는 서울대보다 적게 3명만 뽑고 수능최저기준이 없다. 재외국민전형으로는 2명을 뽑는다. 그리고 정시에서 수능 100%인 일반전형으로 47명, 농어촌 1명, 기회균형 1명을 뽑는다.

- 가톨릭대

전체	수시				정시			
	교과	학종		논술	수능			
	일반	학추	기회	일반	일반	교과	농어촌	기회
96	10(4합5)	25(3합4)	0	19(3합4)	37	0	0	0

- 가톨릭대는 교과전형을 모집하고 학종에서 학교장추천도 동시에 진행하는 매우 특이한 전형을 유지한다. 교과 10명에 학교장추천이 25명이다. 두 군데 동시 지원은 불가능하다. 전교 1등은 둘 중 하나를 선택해야 한다.

모집 방식이 독특한 편이다. 전체 96명인데, 일단 교과전형으로 달랑 10명을 뽑는데 수능최저기준이 4합5이다. 일반고 전교 1등 커트라인이 2022학년도 1.0이고, 2023학년도 1.03, 다시 2024학년도에는 1.0이다. 1.03이면 3년 5학기 동안 전 과목에서 2등급 나온 과목이 하나인 수준이다. 1.0이면 5학기 전 과목이 1등급이다. 그런데 수능최저기준 4합5를 맞춰야 한다. 그리고 중학교 3학년 학생이 고등학교에 올라가면 이 전형이 어떻게 변형될지 지금은 알 수 없지만, 1등급이 10%로 늘어났기 때문에 모두 동점이다. 웬만한 학생이 모두 동점이고 수능최저기준은 4합5이니, 이는 교과전형을 가장한 '수능전형'이라고 할 수 있다. 이 정도라면 사실상 수시라고 부르기 어렵다. 어려서부터 의대에 가려면 내신 잘해야 한다고만 강조했는데, '4합5'의 존재감을 모른 채 1등을 아무리 많이 해봤자 소용없다.

학종 모집 인원이 25명인데 이 부분도 눈여겨보자. 여기에 지원하려면 교장 선생님 추천이 필요한데 고등학교당 1명만 추천할 수 있다. 전국에 학교가 2,000개라고 할 때 2,000명이 추천을 받는 셈이다. 가장 억울한 학생은 전교 2등이다. 이 전형이 추천이 아니면 2등, 3등도 비교과가 우수하면 지원할 수 있겠지만 애초에 1명만 추천받을 수 있으니 2등, 3등은 지원 자체를 할 수 없다. 실제로 학종도 내신 성적이 가장 중요한 셈이다. 그리고 2,000개 고교의 전교 1등 중에 매년 이 전형에 500명 정도가 지원한다.

그렇다면 나머지 1,500명이 지원하지 않는 이유는 무엇일까? 고등학교에서 이 전형에 1명을 추천할 때 기본적으로 검토하는 것은 학생부가 아니다. 수능최저기준을 통과할 수 있느냐가 관건이다. 이 전형의 수능최저기준은 3합4인데, 3학년 6월 모의평가에서 3합4를 맞추지 못한 1등이 많은 것이다. 수능 공부를 하지 않는 영재학교, 과학고, 민사고, 하나고 등 '자발적 비수능 고교'와 수능 자체에 관심이 많지 않은 '학종 위주 일반고'에서는 전교 1등이라도 3합4를 맞추지 못하는 경우가 많다. 그래서 2,000개 학교 중에서 500명 정도만 지원하는 셈이다.

간혹 일부 고등학교에서 1등에게 서울대 지역균형과 가톨릭대 학교장추천 중에서 1개만 추천해준다는 원칙을 적용하기도 하는데, 이때 1등이 서울대를 선택하면 2등이 가톨릭대를 지원하는 경우가 있다. 그렇지만 다른 학교 1등들과 경쟁에서 상대적으로 경쟁력이 떨어진다고 할 수 있다. 그러니 1등이 추천을 받으면, 안타깝게도 전교 2등은 가톨릭대에 지원할 수 없게 되는 것이다. 교과전형은 내신이 나빠서 안 되고 학종은 학교장추천이 1명이니 애초에 지원 자격이 없기 때문이다.

가톨릭대에는 다른 의대에는 없는 종교 관련 전형이 있다. '사제추천전형'이라고 하는데, 신부나 추기경 같은 분들이 추천하는 전형이며 수능최저기준이 없다. 그리고 재외국민전형으로 3명, 논술전형으로 19명을 뽑는다. 논술 시험은 대부분 '수리 논술'이므로 국어를 잘하는 것과는 상관없다. 사실상 수능 서술형이라고 봐야 한다. 내신은 반영하지 않는다. 그래서 논술은 지원 시기는 수시이고, 시험 성격은 수능이다. 수능최저기준도 있으므로 수능을 잘하는 학생이 논술도 잘 보게 되어 있다.

전체적으로 가톨릭대는 수시로 59명, 정시로 37명을 뽑는다. 그렇다고 정시보다 수시가 더 많다고 말할 수 있을까? 이는 눈속임에 지나지 않는다. 개인적으로는 의대 합격을 따라 하려면 의대 입시 모집 인원을 분석할 때 논술전형은 수시에서 빼고 계산하는 걸 추천한다. '수시로는 의대를 못 가고, 우리 학교는 정시로 많이 가야 하네.' 이런 걸 스스로 판단할 줄 알아야 한다.

• 성균관대

대학	전체	수시				정시			
		교과/학추	학종		논술	수능			
		교과	일반	기회	일반	일반	교과	농어촌	기회
성균관대	122	10(3합4)	50(X)	0	10(3합4)	50	0	0	0
빅4 누적	472	74	170	10	29	163	10	2	5

• 서울권에서 유일하게 정원 증가 혜택을 본 대학이다. 계속해서 인서울 메이저 의대라고 자랑하다가 의대 증원 논의에서 수원에 있는 의대임을 내세워 인원 증가에 성공했다. 서울대부터 성균관대까지 소위 '빅4' 의대의 누적 모집 인원은 472명이다. 일반고 위주로 선발하는 내신 위주 전형으로 74명, 특목고와 자사고 비중이 높은 학종으로는 170명을 선발한다. 특목고와 자사고를 포함해 전국 고등학교가 2,000개라고 할 때 의대 진입장벽을 느낄 수 있다. 전교 1등 2,000명 중 수시로 244명만 빅4 의대가 가능하다. 10% 정도이다. 전교 1등 10명 중 1명만 수시 빅4 의대 가능, 이게 현실이다.

모집 인원이 122명으로 크게 늘었기에 주목해서 봐야 한다. 원래는 40명이었는데 122명으로 늘어났다. 그래서 기존에 없던 교과전형을 신설해서 10명을 뽑는다. 수능최저기준은 3합4이다. 커트라인은 당연히 1.0으로 예상된다. 전국의 올 1등급 학생 중에서 3합4를 맞춘 학생만 합격한다. 전교 1등만 노려볼 수 있는 전형이다. 어느 고등학교의 전교 1등 학생이 내신이 모두 1등급이라고 가정하면, 첫 번째로 서울대 지역균형(학교장추천) 두 번째로 연세대 교과(학교장추천), 세 번째로 가톨릭대 학종(학교장추천), 네 번째로 성균관대 교과전형으로 지원하게 될 것이다. 그렇다면 과연 같은 고등학교 전교 2등의 운명은 어떻게 될까?

성균관대는 일반 학종으로 50명을 뽑는다. 이 또한 25명이었다가 두 배 늘어난 수치이다. 그리고 수능최저기준이 없다. 서울대와 함께 수능최저기준이 없는 두 번째 의대이다. 수능최저기준이 없다는 것은 과연 누구에게 혜택이 간다는 뜻일까? 혹시 일반고 학생 가운데 수능에 자신이 없는 학생을 위한 배려일까? 그럴 리가 없다!

'자발적 수능 거부 고교(학생들이 우수하다고 인정받아 굳이 고등학교에서 수능 과목을 배우지 않아도 된다고 공인된 최상위 특목고와 자사고)'인 영재학교, 민사고, 하나고 등은 수능 공부를 할 수 없는(정확히는 '안 해도 되는') 학교이다. 민사고, 하나고는 자사고 중에서도 국제학교 성격이 워낙 강하기에 여기에 다니는 학생들이 이 전형에 대거 몰린다. 그래서 영재고에서 보통 서울과학고 15명, 경기과학고 10명, 대전과학고 10명 내외, 대구과학고 10명 내외가 원서를 낸다.

서울대는 정부 정책에 충실히 따르려는 의도인지 영재학교와 과학고 학생을 잘 안 뽑는다. 서울대는 10년 가까이 영재학교에서 3명 정도만 뽑아왔다. 여기에서 떨어진 학생들은 수능최저기준이 없기 때문에 자연스럽게 성균관대 학종으로 대거 몰릴 것이다. 성균관대에서는 영재학교 출신 학생만 많이 뽑으면 문제가 될 수 있다. 왜냐하면 지금 국가나 교육부의 공식적 방침은 영재학교나 과학고 출신 학생은 의대에 가지 못하게 하라는 방침인데 성균관대가 많이 뽑았다고 하면 문제가 될 수 있다. 그래서 필자가 볼 때 대략 15명(25% 내외) 정도로 영재학교와 과학고 출신 학생을 뽑을 듯하다. 그리고 나머지를 민사고, 하나고 같은 자사고와 학군지 고교로 뽑고, 구색 맞추기로 일반고에서 15명 내외로 선발할 것으로 예측한다.

성균관대가 학종 인원이 50명으로 늘었으니 "고1 내신이 좀 나쁘더라도 전공적합을 비롯한 비교과 활동을 열심히 준비하면 지원할 기회가 있다." 라고 말할 수 있을까? 의대 학종은 비교과의 영향력이 미치기에는 너무도 모집 인원이 소수이다. 학종의 당락은 이미 내신 성적에서 결정된다. 그리고 내신이 좋은 학생만으로도 이미 모집 정원을 몇 배수나 초과하기 때문에 1등들 중에서 동점자 처리를 위한 용도로 활용되는 수준이다. 그리고 재외국민 2명이 있고, 논술 10명(3합4)은 신설했다. 그렇게 해서 수시가 72명이다.

• 고려대

전체	수시						정시			
	교과/학추		학종			논술	수능			
	교과	지역	일반	기회	지역	일반	일반	교과	농어촌	기회
112	18(4합5)	0	28(4합5) +15(X)	6(X)	0	0	20	19	3	2

- 교과전형은 18명이고 수능최저기준은 4합5(사실상 수능전형)이다. 학종을 두 가지로 운영하는데, 수능최저기준 4합5인 학업우수전형(28명)과 수능최저기준 없는 계열적합전형(15명)이다. 학업우수는 일반고와 자사고, 계열적합은 특목고 위주 선발이다.

전체 112명으로 인원이 늘지 않았다. 교과전형은 18명 그대로인데, 역시 수능최저기준이 4합5이다. 학종 중 '학업우수전형'이 28명이고 수능최저기준은 4합5이다. 학업우수전형은 일반고나 자사고 위주로 선발한다. '변형된 학종'인 '계열적합'으로 15명을 선발하고 수능최저기준이 없다. 영재학교, 과학고, 민사고, 하나고 등을 위한 전형으로 보인다. 실제 최근 입시에서 일반고 학생 중에 수능최저기준이 없다는 이유로 이 전형에 지원해서 합격한 사례는 거의 없다. 영재학교가 합격생을 굉장히 많이 배출한다. 영재학교 학생도 수시에 6회 지원할 수 있다. 의대에 지원하기로 작심한 학생은 수능최저기준이 없는 서울대 일반전형, 성균관대 학종, 고려대 계열적합에 모두 지원한다고 보면 된다. 기회균형을 6명으로 늘렸다. 재외국민전형 1명을 포함하면 수시로 68명, 정시로는 일반 39명(수능 100% 반영 20명+교과 20% 반영 교과우수형) 19명이고, 농어촌 3명, 기회균형 2명, 이렇게 44명을 뽑는다. 일반고에서 고려대는 수시나 정시나 일단 수능에서 3과목 모두

1등급이 나와야 지원할 수 있다. 만약 1등급이 3개인 일반고 학생이면 수시 교과 18명과 학종 학업우수전형 28명 중에 선택해서 지원해야 하고, 정시로는 20명을 선발하는 수능 100% 전형과 교과성적을 20% 반영하는 교과우수형 19명 중에서 선택해야 한다. 일반고 학생은 고려대에 수능 없이 진입할 수 없는 셈이다. 고려대 의대 수시는 수능 전형에 가깝다.

• 경희대

전체	수시						정시			
	교과/학추		학종			논술	수능			
	교과	지역	일반	기회	지역	일반	일반	교과	농어촌	기회
111	15(3합4)	0	25(3합4)	0	0	15(3합4)	55	0	1	0

• 교과, 학종, 논술 모두 수능최저기준이 3합4이다. 정시형 의대이다.

경희대는 전체 111명인데 교과전형 15명, 학종(네오르네상스전형) 25명이며 모두 수능최저기준이 3합4이다. 원래 55명을 뽑아서 인서울 의대 학종 가운데 가장 핫한 전형이었는데 정시를 40% 이상으로 늘리라는 '공정성강화방안' 이후 55명에서 33명으로, 다시 25명까지 지속적으로 모집 인원이 줄었다. 논술전형은 역시 3합4이며 15명을 유지했다. 그리고 정시는 작년에 55명을 늘린 그대로 55명이다. 농어촌 1명까지 더하면 경희대는 논술을 합해도 수시와 정시가 5:5 비율이고, 논술을 제외하면 압도적으로 정시가 많은 학교로 탈바꿈했다.

• 한양대

전체	수시						정시			
	교과/학추		학종			논술	수능			
	교과	지역	일반	기회	지역	일반	일반	교과	농어촌	기회
110	0	0	40 (3합4)+16(X)	2(X)	0	8(3합4)	44	0	0	0

• 한양대 학교장추천은 고교당 인원 제한이 재적 인원의 11%이다.

한양대에는 교과전형이 없다. 내신만 잘하는 일반고 학생들이 갈 길은 여기에 없는 셈이다. 학종에서 40명을 뽑는 추천형을 신설했다. 고교당 학교장추천 인원은 재적 인원의 11%까지이다. 가톨릭대처럼 1명만 추천하는 유형과는 다르다. 가톨릭대는 의대만 학교장추천이 있고 한양대는 의대뿐 아니라 다른 학과도 추천을 받는 전형이라 인원 제한 폭이 크지 않다. 의대 학종 중에서 학교장추천이 있는 서울대, 가톨릭대, 한양대를 비교하면 서울대는 일반고 중심이고, 가톨릭대는 학교당 1명이라 자사고 학생이 제약을 받고, 한양대는 자사고나 학군 지역 고교생이 많이 지원하는 것을 허용하고 있다. 세 군데 대학의 의도가 읽히는 대목이다. 서울대는 일반고 학생에게 확실한 지원 통로를 열어둔 셈이고, 가톨릭대는 소위 '쎈' 고등학교 학생들이 몰리는 것을 방지하는 시스템인 반면, 한양대 학교장추천은 '쎈 학교 학생 적극 환영'이라는 의도를 드러내고 있다. 수능최저기준은 3합4이다. 학종 중 서류형은 예전처럼 수능최저기준이 없는 전형으로 16명을 선발한다. 기회균형 2명은 수능최저기준이 없고, 논술 8명은 3합4이다. 정시는 44명이다. 한양대 역시 정시형 의대로 봐야 한다.

• 중앙대

전체	수시						정시			
	교과/학추		학종			논술	수능			
	교과	지역	일반	기회	지역	일반	일반	교과	농어촌	기회
88	0	0	11(X)+15(X)	0	0	18(4합5)	42	0	0	0

• 서울에 있는 의대 가운데 모집 인원이 가장 적은 의대가 되었다.

교과전형이 없고 학종을 11명과 15명으로 구분했는데 '융합형'과 '탐구형'이라고 부른다. 융합형은 내신이 더 강조되고, 탐구형은 활동이 더 강조되는 것이라고 보면 된다. 재외국민 2명, 논술이 18명이며 수능최저기준은 4합5이다. 정시에서는 42명을 뽑는다. 역시 정시형 의대로 분류된다.

• 이화여대

전체	수시						정시			
	교과/학추		학종			논술	수능			
	교과	지역	일반	기회	지역	일반	일반	교과	농어촌	기회
81	0	0	9(4합5)+9(X)	0	0	5(4합5)	53	0	0	0

이화여대는 학종 18명을 전부 4합5로 뽑았는데 이번에는 전형을 2종류로 나눴다. 수능최저기준 4합5가 있는 '서류형'으로는 면접 없이 9명을, 수능최저기준이 없는 면접전형으로는 9명을 선발한다. 면접을 신설한 것이다. 논술전형(4합5)은 5명이다. 이화여대 역시 정시에 53명을 선발하는 정시

위주 의대이다. 아주 특이하게도 정시에서 인문에서 8명을 별도 선발하는데 인문 수능 최고 학생을 선점하려는 의도로 보인다.

서울대부터 이화여대까지 서울에 있는 10개 의대의 모집 인원을 다 합하면 1,094명이다. 재외국민전형 15명을 제외하면 1,079명이다. 서울대 지역균형전형과 교과전형을 합하면 107명이다. 일반고 학생 전용 선발 인원이라고 보면 된다. 학종은 319명인데 특목고와 자사고, 거기에 일반고까지 2,000개 고등학교가 경쟁하기에는 너무도 좁은 문이다. 정시는 418명이다. 메인 전형인 교과는 107명, 학종은 319명, 정시는 418명이다.

• 수도권 대학

대학	전체	수시						정시			
		교과/학추		학종			논술	수능			
		교과	지역	일반	기회	지역	일반	일반	교과	농어촌	기회
가천대	135	15 (3개1)	0	33 (3개1)	6 (3합4)	0	40 (3개1)	40	0	0	0
인하대	123	26 (3합4)	0	42(X)	2(X)	0	12 (3개1)	40	0	0	0
아주대	123	15 (4합6)	0	40 (4합6)	0	0	20 (4합6)	40	0	1	0

수도권 마지막 세 학교 모두 인원이 늘었다. 가천대 135명, 인하대 123명, 아주대 123명으로 인천, 경기에 있는 세 학교가 모집 인원이 왕창 늘어서 총합 381명이다. 그런데 교과전형으로 세 학교를 합하면 56명을 선발하는 셈이고 수능최저기준은 가천대가 3과목 1등급, 인하대 3합4, 아주대

4합6이 적용된다. 일단 2과목 1등급은 필수이다. 중학교 1~3학년 학생들이 의대에 갈 때도 교과전형이 유지될지 학종으로 넘어갈지는 두고 봐야 한다.

가천대, 인하대, 아주대 수시의 주력 전형은 학종이다. 세 학교 학종을 합하면 115명이다. 교과전형을 합하면 56명, 거의 두 배 정도를 학종으로 뽑는다. 수능최저기준은 가천대 '3과목 1등급', 아주대 4합6이다. 그런 반면 인하대는 학종에 수능최저기준을 적용하지 않는다. 농어촌전형은 가천대 4명(3합4), 인하대 2명(최저 없음)이다. 아주대는 농어촌전형이 없다. 기회균형은 가천대만 2명이고 수능최저기준은 3합4이다. 가천대는 논술전형이 40명이다. 세 학교를 합하면 정시가 121명이다. 수도권에 있는 가천대, 인하대, 아주대도 수능이 지배하는 구조임을 알 수 있다. 따라서 서울과 수도권 의대에서 서울대를 제외하고는 정시 위주이고, 수시 역시 수능최저기준이 지배하는 구조임이 드러난다.

• 울산대

전체	수시						정시			
	교과/학추		학종			논술	수능			
	교과	지역	일반	기회	지역	일반	일반	교과	농어촌	기회
120	0	36 (3합4)	36 (3합4)	0	33 (3합4)	0	12	0	0	0

• 전형적인 '부산, 울산, 경남 지역' 선발 방식이다. 부·울·경 학생을 제외하면 학종으로 36명, 정시로 12명만 선발한다.

울산대는 부·울·경에 속하지만 관행적으로 '메이저 의대'에 속하기에 수도권과 붙여놓았다. 기존보다 모집 인원이 80명 늘어난 120명을 모집한다. 그러나 전국 단위 교과전형은 신설하지 않았고 지역인재전형을 36명으로 신설했다. 수능최저기준은 3합4로 매우 높은 편이다. 일반 학종을 36명으로 늘린 것은 부·울·경 이외 지역 학생을 위한 배려이다. 지역 학종도 33명을 선발한다. 논술은 없다. 수시를 모두 합하면 108명이고 정시는 12명이다. 수도권이나 부·울·경이 아닌 지역에서 울산대에 가려면 정시 12명이나 학종 36명 안에 들어야 한다. 부·울·경을 제외하면 울산대 증원에 따른 혜택은 미미하다. 앞서 성균관대를 네 번째로 지원한 전교 1등들이 다섯 번째로 울산대 학종에 지원할 것이다. 그러면 전교 3등은 어떻게 해야 할까?

대표적 지역 의대

- 순천향대

전체	수시						정시			
	교과/학추		학종			논술	수능			
	교과	지역	일반	기회	지역	일반	일반	교과	농어촌	기회
158	10 (4합6)	36 (4합6)	10(X)	8(X)	56(X)	0	34	0	0	0

- 충청 지역 지역인재가 지배적이다.

지역인재로 넘어가보자. 순천향대가 158명으로 인원이 늘었다. 전국 모집 교과전형 10명, 지역교과 36명, 전국 모집 학종이 수능최저기준 없이 딱 10명이다. 학종에서 수능최저기준이 없는 지역인재가 56명이다. 이제 서울이나 수도권에서 수시로 순천향대를 가는 건 거의 불가능하다고 봐야 할 것 같다. 수도권 학생이 서울에 있는 의대를 못 가면 지방 의대에 진학하면 된다는 생각은 애초에 불가능한 상황이다. 이것이 지역인재전형의 위력이다.

그리고 농어촌전형 2명, 기회균형 2명, 지역기회균형 4명 모두 수능최저기준이 없다. 수시에서 압도적으로 많이 뽑고, 정시에 34명을 남겨두었다. 그나마 정시에서 지역인재를 뽑지 않는 것이 수도권 출신 학생에게는 위안이라고 할 수 있겠다.

• 한림대

전체	수시						정시			
	교과/학추		학종			논술	수능			
	교과	지역	일반	기회	지역	일반	일반	교과	농어촌	기회
104	0	0	49(3합4)	6 (X)	18(3합4)	0	30	0	0	0

• 다른 지역에 비해 상대적으로 지역인재 인원이 적다.

한림대는 교과전형이 없다. 전국 모집 학종으로 49명을 3합4로 선발하고, 지역인재로는 다른 지역보다 적은 18명을 모집한다. 수능최저기준은 3합4로 전국 모집과 동일하다. 농어촌 3명, 지역기회균형 3명은 수능최저기준이 없다. 정시로는 30명을 선발한다. 전국 모집 학종으로 지원해볼 만하다는 생각을 한 번은 할 정도로 경쟁률이 높은 대학이다. 서울에 있는 의대는 합격하기 어려워 보이고, 지방 의대는 지역인재 때문에 모집 인원이 너무 적으니 전국 모집 학종에서 49명을 선발한다는 것은 상당한 유혹으로 다가온다.

• 인제대

전체	수시						정시			
	교과/학추		학종			논술	수능			
	교과	지역	일반	기회	지역	일반	일반	지역	농어촌	기회
104	25 (4개2)	32 (4개2)	0	7 (4개2)	0	0	15	25	0	0

전국 단위 내신 전형이 25명이고 4과목 2등급이다. 4과목 모두 2등급 이상을 받아야 한다. 4합8과는 다르다. 4합8은 1 1 3 3(1등급 2개, 3등급 2개)도 되지만 4과목 모두 2등급이라는 건 1 1 2 2 또는 2 2 2 2는 합격인데 1 1 1 3은 불합격이라는 말이다. 한 과목이라도 점수가 낮으면 불합격할 위험성이 크다. 그러니까 4과목 2등급이 언뜻 보기에는 낮아 보여도 만만치 않은 기준이다. 교과 지역인재가 32명으로 많이 뽑는다. 수능최저기준은 교과전형과 동일하게 4과목 2등급이다. 드디어 처음 접하는 정시 지역인재 25명이 눈에 띈다. 정시마저 부·울·경 학생을 더 많이 선발하는 것이다. 인

제대는 부·울·경 학생 위주로 선발하겠다는 모습으로 보인다. 서울백병원도 문을 닫은 마당에 해운대백병원을 중심으로 병원과 의대를 운영하려는 대학 측의 의도가 읽힌다.

• 연세대 미래캠퍼스(원주)

전체	수시						정시			
	교과/학추		학종			논술	수능			
	교과	지역	일반	기회	지역	일반	일반	교과	농어촌	기회
106	8(4합5)+ 8(4합6)	0	15 (4합5)	10 (3합5)	27 (3합5)	15 (3개1)	21	0	0	0

전국 모집 교과전형은 추천형과 일반형이 각각 8명이다. 추천형에서 추천 인원 제한은 없다. 일괄 합산으로 내신 성적 80%와 면접 점수 20%를 반영한다. 문제는 내신을 반영할 때 국어, 영어, 수학, 과학, 사회(한국사, 역사, 도덕 포함) 전 과목을 반영한다는 것이다. 수능최저기준은 좀 복잡하다. 국어+수학+탐구1+탐구2 4합6에 추가로 영어를 2등급은 받아야 한다. 학종 일반도 추천형과 동일한 방식으로 선발한다. 차이는 수능최저기준인데, 국어+수학+탐구1+탐구2 4합5에 영어 2등급이다. 추천형보다 일반형의 수능최저기준이 높다.

학종으로 지역인재는 27명인데 국어+수학+영어+탐구 중에서 3합5로 수능최저기준을 낮췄다. 지역 학생을 확실히 배려했다. 그렇지만 이렇게 기준을 낮춰도 통과하지 못하는 학생이 많을 수 있다는 점이 문제이다. 일선 고등학교에서 수능을 너무 소홀히 준비한 점이 없지 않다. 기회균형은 수능최저기준이 또 다르다. 국어+수학+영어+탐구1+탐구2 중에서 4합6이다. 이 밖에 재외국민 2명, 논술 15명(3과목 1등급)이다. 정시에서는 21명을 전국에서 모집한다. 수시가 많기는 하지만 확실히 수능형 의대이다.

• 건국대 글로컬캠퍼스(충주)

전체	수시						정시			
	교과/학추		학종			논술	수능			
	교과	지역	일반	기회	지역	일반	일반	교과	농어촌	기회
110	0	11 (3합5)	14 (3합5)	8 (3합6)	30 (3합5)	0	20	22	0	0

전체 모집 인원이 110명으로 늘었는데, 교과전형은 지역인재만 11명을 신설했고 수능최저기준은 3합5이다. 전국에서 모집하는 학종 일반은 14명이고 수능최저기준이 3합5이다. 학종 지역인재도 역시 3합5로 30명을 선발한다. 건국대 글로컬캠퍼스 역시 지역인재 비중이 높다. 농어촌도 5명으로 늘었고 수능최저기준은 3합6이다. 학종 기회균형이 3합6에 8명, 재외국민 5명이다. 정시는 42명인데 전국 단위 모집이 20명이고, 충청 지역에 22명을 배분했다. 수도권과 달리 지역에 배분되는 인원이 대폭 늘었다. 충청 지역 의대는 지역인재에 진심이다.

전형별 모집 인원 시사점

전국 모집 인원의 구조를 정리해보면 2026학년도 모집 인원은 총 5,124명이다. 전국 단위에서 모집하는 교과전형은 535명이고, 지역 단위로 모집하는 인원은 무려 1,202명이다. 그러니까 교과전형은 지역인재전형이 두 배 넘는 셈이다. 서울과 경기, 인천 지역에 사는 학생들이 내신만 잘해서 의대에 간다는 건 말도 안 된다. 단순히 수치로 계산해봐도 전국 1,700여 개 일반고등학교에서 전교 1등을 하는 학생 중 1,200명은 불합격이다. 1등 중에서도 소수밖에 못 가니 2등까지 차례가 오기란 쉽지 않다. 더군다나 수능최저기준을 맞춰야 한다. 교과전형 중에서 수능최저기준이 없는 곳은 없다. '의대에 가려면 내신만 잘하고 탈강남, 탈대치, 탈학군지역, 아니면 센 학교를 버리고 덜 센 학교로 옮겨야 한다.' 이런 방법이 필자가 보기에는 무의미하다. 지역인재가 너무 많아졌기 때문이다.

순수 학종, 즉 전국 모집이 가능한 인원은 757명이며 전국의 일반고, 자사고, 특목고 모두 지원할 수 있다. 전국 2,000개 고등학교에서 757명이 가는 것이다. 이 또한 전교 1등이 간다고 볼 수 있다. 게다가 대부분 수능최저기준이 있다. 누차 강조하지만 서울대는 공대도 의대도 수능최저기준이 없다. 연세대는 공대가 2등급 2개인데 의대만 1등급이 2개 필요하다. 가톨릭대 의대 학종은 수능최저기준이 3합4이다. 성균관대는 공대와 의대 모두 수능최저기준이 없다. 울산대는 공대는 없고 의대는 3합4이다. 고려대는 공대는 4합8, 의대는 4합5이다. 경희대, 한양대도 의대만 수능최저기준이 3합4이다. 가천대와 아주대, 이화여대 역시 의대만 수능최저기준이 있다. 순천향대는 전국에서 오는 학종만 수능최저기준이 있다.

그러니까 학종이라고 해도 의대라면 수능최저기준이 있는 것이다. 공대는 수능최저기준이 필요 없거나 낮은 편이다. 따라서 공대를 준비하는 학생과 의대에 갈 학생의 학습 방법이 달라야 한다. 학원이나 학교에서 '의대 준비나 공대 준비나 똑같으니 학종에 매진하라.'고 한다면 일단 의심해야 한다. 의대를 준비하는 학생은 무조건 중학생 때 수능 준비를 1순위로 해야 한다. 그리고 고등학교에 가서는 내신 50%, 수능50% 비율로 공부해야 한다. 의대와 공대는 대학 가는 방법이 다르다. 학종은 공대에 가려고 할 때는 의미가 크지만, 의대에 가려고 할 때는 수능최저기준이 우선이다. 수능을 빼고서는 아무것도 안 되기 때문이다.

일부 대학에 학종이 변형된 특목고전형과 소수이기는 하지만 종교 관련 전형이 있다. 변형된 학종은 대부분 특목고 위주 전형이며, 고려대 의대

계열적합전형이 대표적인 사례이다. 일단 수능최저기준이 없다. 수능을 준비할 수 없는 영재학교와 과학고 학생 맞춤형 전형이다. 중앙대 탐구형도 비슷한 사례이다. 종교 관련 전형을 유지하는 곳은 가톨릭대, 가톨릭관동대, 대구가톨릭대뿐이다.

다음으로 지역 학종이 509명이다. 서울과 수도권 학생은 이 전형으로 갈 수 없다. 그래서 전국에서 뽑는 학종 중에서 지방대로 가면 학종이 거의 없어진다. 학종은 서울과 수도권에만 몰려 있다. 의대 입시에서 서울과 수도권 의대를 학종으로 못 간다면 지방 의대에도 못 간다고 봐야 한다. 수시로 의대에 갈 수 있는지는 고등학교 1학년 때 가늠할 수 있다. 학생이 다니는 학교에서 작년에 수시로 의대에 몇 명 갔는지 확인해보자. 사실상 그 이상은 갈 수 없다고 봐야 한다. 인원이 늘었다 해도 크게 벗어나지 않는다.

농어촌전형은 61명이다. 농어촌에 해당하는 학생은 수능을 공부하지 않고 내신만 잘하면 특혜로 갈 수 있지 않을까? 그런 일은 절대 일어나지 않는다. 농어촌전형에도 모두 수능최저기준이 있다. 물론 다른 전형보다 낮기는 하지만, 전교 1, 2등 하는 학생이 농어촌전형으로 의대에 못 가는 이유는 수능최저기준을 못 맞춰서일 확률이 높다. 농어촌 학생에게 엄청난 혜택이 있을 거라고 지레짐작하지 말고 일반고, 자사고 학생과 동일하게 수능 50%, 내신 50% 비중으로 공부에 매진하자. 남는 시간에 비교과를 한다고 생각하면서 모집 인원을 지속적으로 파악하고 자신이 과연 의대에 갈 조건을 갖추었는지, 어느 의대가 유리한지 꼼꼼히 따져봐야 한다.

의대에는 기회균형전형이 거의 없다. 공대나 나머지 문과는 농어촌전형이나 기회균형 인원을 대폭 늘렸고 심지어 약대도 꽤 있는데 의대만은 야박하다. 그 대신 지역 내 기회균형전형은 49명이다. 이것은 정부가 의무로 정해놓은 숫자이다. 기회균형도 조건 부합 여부보다는 평균 3합6인 수능최저기준을 맞추느냐가 관건이다. 3과목은 무조건 2등급 이상을 받아야 한다. 재차 강조하지만 어떤 의대도 수능 없이는 갈 수 없다. 비교과는 그 다음 문제이다. 첫째가 수능, 둘째가 내신, 셋째가 비교과이다.

논술은 사실상 수능 전형이라고 봐야 한다. 지원 시기는 수시이지만 시험 방법과 당락 결정 요소는 정시와 같다. 수능최저기준도 높고 논술 자체도 수능 시험이다. 부산대는 논술마저 지역인재로 22명을 배정해놨다. 수시 전체를 합하면 3,543명처럼 보이지만 실제로 논술, 종교, 농어촌, 기회균형, 재외국민, 논술, 지역논술을 빼면 1,562명이다. 그래서 전체적으로 보면 4,600명 정도이다.

동일한 조건에서 수도권으로 좁히면, 일단 지역인재를 빼야 한다. 서울 수도권 모집 인원이 5,000명으로 늘었다고 언론에서 보도하지만 지역의 교과전형과 학종 등을 빼고 나면 2,621명이다. 사실상 700명 정도 늘었다고 보면 된다. 2,621명 중 교과전형이 535명, 학종이 757명, 학종 변형된 전형이 78명, 논술이 190명이다. 그런데 논술은 정시(지원 시기만 수시)로 봐야 하고 내신과 상관없다. 논술마저 제외하면 1,560명 vs 1,061명 정도 비율이 된다. 그러면 서울과 수도권 학생이 의대를 노린다고 할 때 가장 지배력이 높은 건 1순위가 수능이고 그다음이 내신이다. 이것이 우리가 알아야 할

● 전국 단위 모집 일반 학종 모집 인원

대학	전국 모집 학종 일반
서울대	50
연세대	45
가톨릭대	25
성균관대	50
울산대	36
고려대	28
경희대	25
한양대	40
중앙대	11
이화여대	9
가천대	33
인하대	42
아주대	40
순천향대	10
한림대	49
인제대	–
연세대(미래)	15
건국대(글로컬)	14
단국대(천안)	15

대학	전국 모집 학종 일반
경북대	53
부산대	–
전남대	16
충남대	53
충북대	–
강원대	20
전북대	5
경상대	5
제주대	–
관동대	5
건양대	–
을지대	–
계명대	12
영남대	–
대구가톨릭대	–
동국대(경주)	10
조선대	19
원광대	22
동아대	10
고신대	2

• 2026학년도 권역별 실제 의대 모집 인원 비교

권역	합계	수시			정시	특수조건
		교과	학종	논술	수능	기회균형/재외국민/종교
전체	5,124	535+ 1,202(지역)	835+ 509(지역)	190+ 22(지역)	1,061+ 501(지역)	269
수도권	2,431	535	835		1,061	
대구·경북	2,431+ 390(지역)	535+ 183(지역)	835+ 140(지역)		1,061+ 67(지역)	
부·울·경	2,431+ 522(지역)	535+ 277(지역)	835+ 110(지역)		1,061+ 135(지역)	
충청	2,431+ 588(지역)	535+ 310(지역)	835+ 119(지역)		1,061+ 159(지역)	
호남	2,431+ 500(지역)	535+ 349(지역)	835+ 55(지역)		1,061+ 96(지역)	
강원	2,431+ 163(지역)	535+ 57(지역)	835+ 82(지역)		1,061+ 24(지역)	
제주	2,431+ 49(지역)	535+ 26(지역)	835+ 3(지역)		1,061+ 20(지역)	

• '수시 교과 vs 수시 학종 vs 정시' 3가지 전형 중심이며, 기회균형과 재외국민, 종교 관련 전형 등은 일반적이지 않아서 제외했다. 논술 역시 학생부 중심 수시로 보기 어려워 제외했다.

알짜 정보이다. 어찌 되었건 수도권 전체로 봤을 때 학종으로 갈 수 있는 757자리를 2,000여 개 고등학교 최상위권 학생들이 경쟁하는 구조이다. 이러한 구조를 잘 알아두어야 한다.

의대 모집 인원 분석

❷ 지역별

대구·경북 | 수능 없이 지역인재도 없다!

대학	전체	교과 전국	지역 교과	학종 전국	지역 학종	농어촌	지역 기회	정시 전국	지역 정시	농촌 정시	정시 기회
경북대	202	0	30 (3합4)	53 (3합4)	68 (3합4)	0	4 (3합5)	10	20	0	0
계명대	125	13 (3합3)	25 (3합4)	12 (3합4)	25 (3합4)	0	3 (3합5)	20	22	3	2
영남대	123	26 (4합5)	38 (4합5)	0	10 (3합4)	3 (3합4)	3 (3합5)	20	23	0	0
대구가톨릭대	84	10 (3합4)	38 (3합4)	0	12 (3합5)	2 (3합4)	2 (3합4)	16	0	0	0
동국대(경주)	126	15 (3합4)	52 (3합4)	10 (3합4)	25 (3합4)	2 (3합4)	3 (3합5)	10	2	0	0
소계	660	64	183	75	140	9	15	76	67	3	2

대구·경북에서 의대에 진학하려면 첫째가 수능, 둘째가 내신 최상위이다. 대구·경북은 지역인재에도 모두 어마어마한 수능최저기준을 두고 있다. '수능이 안 되는 학생은 뽑지 않겠다.'는 메시지가 분명하다. 대구·경북에 사는 학생만 갈 수 있는 지역인재 몫이 전체 390명이다. 수시 교과전형 183명, 수시 학종 140명, 정시 지역인재 67명이다. 그런데 수시는 교과전형이나 학종이나 전국에서 가장 높은 수능최저기준을 적용한다. 전체 정원은 경북대 202명, 계명대 125명, 영남대 123명, 대구가톨릭대 84명, 동국대(경주)가 126명이다.

경북대는 모집 정원 규모가 가장 크다. 전국 단위 교과전형으로는 아예 모집하지 않는다. 지역교과전형으로 30명을 모집한다. 그런데 수능최저기준이 3합4이다. 전국 학종이 53명인 데 비해 지역 학종은 무려 68명이다. 하지만 역시 수능최저기준이 3합4이다. 심지어 지역 내 기회균형전형도 수능최저기준을 3합5로 유지하고 있다. 한마디로 수능 없이는 의대에 합격할 수 없다는 메시지이다.

영남대는 한발 더 나아가 모집 인원이 38명인 지역교과전형이나 10명인 지역 학종이나 모두 수능최저기준이 3합4이다. 대구·경북 지역 의대 지역인재 중에서 수능최저기준이 가장 낮은 곳은 대구가톨릭대 지역 학종인데 그마저도 3합5이다. 지역인재전형을 운영하는 지역 중에서 수능최저기준이 가장 높은 지역이다.

만약 대구·경북 지역에 사는 학생이 의대를 준비한다면 첫째도 수능, 둘째도 수능이다. 영남대는 4합5만 맞추면 내신이 좀 나빠도 붙을 수 있다.

정시 모집에서도 지역인재가 전국 모집 인원보다 많다. 그래서 결국 한마디로 대구·경북 지역에서는 수능최저기준만 맞추면 의대에 갈 확률이 아주 높다고 정리할 수 있다.

대구·경북 지역에 사는 고등학교 1학년 학생이라면 내신 기간에 내신 공부하고, 평소에는 수능 득점 능력을 유지해야 한다. 이 비율을 5:5 정도는 유지해야 한다. 평소 수능 득점 능력을 유지하려면 수능 강의를 지속적으로 듣고, 매주 모의고사를 보면서 약점을 반드시 정리해야 한다.

중학생은 무조건 수능 준비에 전념해야 한다. 구체적으로 먼저 대수와 미적분1의 개념을 선행하고 유형 학습을 한 다음 유형 심화 정도까지 해야 한다. 과학은 통합과학을 개념 심화를 하고, 국어는 문학과 독서의 개념과 유형 정리를 끝마치자. 사실 이렇게 하기가 만만치 않을뿐더러 이것만 하기에도 바쁠 것이다.

그래서 대구·경북 지역 중학생들은 방향을 분명히 해야 한다. 우선 자신이 특목고에 갈 것인지 아닌지 확실하게 정하고, 의대를 포기하고 특목고(영재학교나 과학고)에 진학할 거라면 수학과 과학 위주로 선행 학습을 해야 한다. 특히 과학에서 공부하지 않아도 되는 것까지 선행하느라 국어를 놓치거나, 수학에서 엉뚱한 부분을 공부할 확률이 높으므로 그 점 또한 유의해야 한다.

중학생들이 선행 학습을 할 때 공통수학1·2, 대수, 미적분1·2, 기하 가운데 가장 많이 하는 것이 공통수학1이다. 수학 상을 다섯 번 하고, 공통수학2를 다섯 번 하고 대수, 미적분1은 한 번씩 보고 끝내서는 안 된다. 중등 학원에서는 공통수학1·2를 반복하는 걸 선호하는데 그렇게 공부해서는 안 된다. 중학교 수학 학원에서는 왜 자꾸 공통수학1·2 반복하기를 선호할까? 일단 대수, 미적분1을 가르칠 강사가 많지 않다. 이것이 가장 큰 이유이다. 그렇다 보니 반복하는 커리큘럼으로 편성하고 대수, 미적분1은 소수로 유지할 수밖에 없다. 또 그 동네에서 대수, 미적분1을 할 만한 학생이 많지 않기 때문이기도 하다. 한마디로 수익성이 떨어지는 것이다. 아무리 최상위 반이라고 해도 몇 명 안 되는 반을 유지하려고 수강료를 더 받을 수는 없는 노릇이다. 그래서 정작 대학 입시에서 가장 중요한 대수, 미적분1은 중학교 선행 학습 때도 소홀히 하게 된다.

학년	고1	고2	고3
수학 내신 과목	통합수학1 통합수학2	대수 미적분1 기하	미적분2 확률과 통계 수학과제탐구 인공지능 수학
수학 수능 과목		대수 미적분1	확률과 통계

수학 교과에서 내신과 수능의 불일치. 특히 고1과 고3에서는 아예 수능과 관계없는 과목 위주로 배운다. 고등학교 입학 후에는 수능 준비가 어려워지는 이유이다.

앞서 언급했듯이 고등학교 1학년이 되면 내신 공부 외에 다른 공부를 할 시간이 없다. 의대가 목표인 고등학교 3학년을 포함해서 가장 적게 공부하는 과목이 대수, 미적분1이다. 그리고 가장 많이 공부하는 과목은 공통수학1·2라고 볼 수 있다. 덧붙여 필자는 공통수학1·2를 심화학습까지 해야만 대수, 미적분1를 잘한다는 말에 동의하지 않는다. 공통수학1·2에 해당하는 단원은 다항식의 연산, 방정식, 부등식, 도형의 방정식, 집합, 명제, 함수, 경우의 수이다. 대수에 해당하는 단원은 지수함수, 로그함수, 삼각함수, 수열이다. 도대체 무엇과 무엇이 연관된다는 것일까? 의대에 합격하려면 현명하게 수능을 준비해야 한다.

지역인재전형으로 390명을 선발하는데, 이에 해당하는 대구 지역 고등학교는 75개(영재학교, 과학고, 외고, 국제고, 특성화고 제외)이다. 경북에는 고등학교가 130개 정도 있다. 경북지역 고등학교에는 아주 소수 인원이 있는 농어촌 고교도 포함된다. 냉정하게 말해서 수능최저기준을 맞출 조건이 되는 고등학교는 대구·경북을 모두 합해서 100개가 될까? 실제 수능최저기준 3합4를 넘기만 하면 다른 지역에서는 의대에 합격할 수 없는 수준인 내신 성적이어도 지역인재로 의대에 합격하는 사례가 나올 수밖에 없는 구조이다.

부·울·경 | 학종을 버려야 의대 합격이 보인다!

부·울·경은 지역인재만 566명(지역교과 277명 + 학종 110명 + 기회균형 22명 + 논술 22명 + 정시 지역 135명)이다. 부·울·경의 지역교과전형에서 수능최저기준이 없는 곳은 한 곳도 없다. 그래도 수능최저기준이 대구·경북보다는 한 등급 정도 낮다. 동아대가 4합6으로 가장 높고 울산대, 부산대, 고신대는 3합4로 그다음이다. 인제대가 4과목 2등급, 국립경상대는 3합6이다. 따라서

대학	전체	교과 전국	지역 교과	학종 일반	지역 학종	농촌	지역 기회	일반 정시	지역 정시
인제대	104	25 (4개2)	32 (4개2)	0	0	0	3 (4개2)	15	25
부산대	200	17 (3합4)	46 (3합4)	0	46 (3합4)	0	5 (3합4)	32	32
울산대	120	0	36 (3합4)	36 (3합4)	33 (3합4)	0	3 (3합4)	12	-
경상대	206	24 (3합4)	89 (3합6)	5 (3합6)	8 (3합6)	6 (3합6)	6 (3합6)	18	50
동아대	102	0	27 (4합6)	10 (4합6)	20 (4합6)	2 (3합6)	3 (3합6)	20	20
고신대	103	28 (3합4)	47 (3합4)	2 (3합5)	3 (3합5)	3 (3합4)	2 (3합4)	10	8
	835	94	277	53	110	11	22	107	135

부·울·경에서 수능에 자신 없는 학생들은 인제대(32명), 국립경상대(89명), 동아대(27명)로 몰릴 가능성이 높다. 당연히 수능최저기준이 낮은 의대들의 내신 커트라인이 높게 형성될 가능성이 크다.

부·울·경 지역 학종도 수능최저기준이 높은 편이다. 울산대, 부산대는 지역 학종도 수능최저기준이 3합4이다. 동아대도 지역교과전형과 동일하게 4합6이다. 국립경상대는 3합6이다. 고신대만 지역 학종을 지역교과보다 낮은 3합5로 설정했는데, 모집 인원이 고작 3명이라 큰 의미는 없다. 그리고 부산대는 심지어 논술(22명)도 지역인재로만 선발하는데 수능최저기준은 동일하게 3합4이다.

부·울·경 지역인재의 끝판왕은 정시도 지역인재가 더 많다는 사실이다. 정시는 전국 107명, 지역 135명이다. 부·울·경 지역에서 의대에 갈 준비를 한다면 고등학교 1~2학년과 중학교 1~3학년 학생들은 1순위가 수능, 2순위로 내신을 준비하면 된다. 지역 학종은 많지 않다. 지역교과가 277명인데 지역 학종은 110명이다. 괜히 학종 준비한다고 폼 잡다가 교과 성적 떨어뜨리지 말고 내신에 전념하는 것이 의대에 합격하는 지름길이다. 혹시라도 수도권 의대를 노리고 학종을 준비한다면, 전교 1등 정도만 준비해야 한다. 전교 2등은 학종으로 수도권 의대에 합격하기가 쉽지 않다. 부·울·경 의대에 확실하게 합격하는 데 우선순위를 두어야 한다.

지역 학종은 겨우 110명이다. 지역교과로 합격할 수 있는데 굳이 부·울·경에서 지역인재로 학종을 준비할 필요는 없다. 그렇다고 지역 학종이 수능최저기준을 면제해주거나 낮춰주지도 않는다. 부·울·경에서 의대에 합격하는 데 학종은 필수가 아니다. 내신과 수능최저기준을 준비하다가 혹시 내신이 밀리면 지역 학종이라도 노려볼 수 있다. 자칫 학종을 미리 준비하다가 내신에서 밀리거나 수능최저기준을 맞출 시간을 허비하는 것은 의대 입시에 실패하는 지름길이다.

부·울·경 의대 입시에서 중요한 것은 첫째가 수능, 둘째가 내신이다. 주의할 부분은 학종을 위한 세특 관리나 비교과 준비가 아니라 대학별로 지정한 선택 과목을 반드시 이수하는 것이다. 대부분 의대는 수학1(중3부터는 대수), 수학2(중3부터는 미적분1), 미적분, 생명과학1 정도를 필수로 내걸고 있다. 부산대는 물리1을 권장과목으로 지정해두었다. 이 조건은 매년 바뀌는데, 이를 꼭 확인하고 선택해야 한다. 내신 상승이나 유지에 충분한 시간을 할애하고 수능최저기준을 유지하도록 매주 수능 모의고사 풀이와 오답 정리까지 하고도 혹시 시간이 남으면 학종을 준비하면 된다.

그리고 자격 조건이 되는 학생만 의대 학종을 준비해야 한다. 첫째 조건은 수능최저기준이다. 둘째 조건은 전교 1등이다. 이 두 조건이 맞아야 서울권 의대에 원서라도 내볼 수 있다. 전교 3등이 서울권 의대를 학종으로 가기는 어렵다. 전교 5등이고 수능최저기준도 불안한데 학종을 준비한다면 의대에 갈 생각이 없는 것과 다름없다. 완전히 시간 낭비인 것이다. 이런 학생은 내신 올리기와 수능최저기준을 맞출 준비를 해야 한다.

• 서울과 수도권 주요 의대 학종 모집 인원

대학	전국 모집 학종 일반
서울대	50
연세대	45
가톨릭대	25
성균관대	50
울산대	36
고려대	28

대학	전국 모집 학종 일반
경희대	25
한양대	40
중앙대	11
이화여대	9
가천대	33
인하대	42
아주대	40

• 지역인재가 있는 지방 고등학교 전교 3등이나 5등은 수도권 의대 학종을 노리고 학생부 관리나 비교과를 할 게 아니라 그 시간에 내신 올리기 위한 시험 공부를 하거나 수능최저기준을 맞추려고 해야 한다. 지역에서 의대 학종 준비는 전교 1등만 해야 한다. 사실 전교 1등도 수도권 의대 학종은 어렵다. 전교 1등은 교과전형을 노려야 한다. 자사고와 일부 학군 지역 고등학교를 제외하고는 의대에 학종은 없다고 봐야 한다.

따라서 부·울·경 지역에서 학교 선생님이 "그래도 학종 해야지."라고 말씀하시면 이 표나 책을 내밀어야 한다. 전교 5등에 수능최저기준도 불안한 학생인데 의대가 목표라고 치자. 수능 공부하고 내신을 올려야 하는 그 귀중한 시간에 학교에서는 이 학생에게 뭐라고 할까? 활동을 준비하라고 한다. 의대에 가려면 수능최저기준을 맞춰야 하고, 그나마 지역교과로라도 가려면 내신 등급을 올리고 수능최저기준을 맞춰야 하는 절박한 상황인데도 도대체 왜 학교 선생님들은 활동, 세특, 수행평가를 강조할까? 수행평가를 열심히 하면 내신은 오를지 모르겠지만 수능은 무조건 떨어진다. 그 시간에 문제 풀이와 유형 학습을 해야 한다.

고등학교 입장에서는 어느 한 학생이 의대에 합격하는 것보다 학종으로 만들어진 전체 학교 분위기를 망치는 것이 두렵기 때문이다. 전교 2등이 교과와 수능을 준비한다고 동아리를 소홀하게 하고, 수행도 기본만 한다면 다른 학생들의 분위기를 통제하기 어려울 것이다. 그러니까 학생 개인이 의대를 가고 싶다고 해도 의대에 갈 수 있는 전략을 짜고 챙겨주기 전에 학교의 분위기나 방침을 우선 생각하는 것이다.

의대에 못 가는 한이 있어도 서울의 웬만한 학교(건국대, 동국대, 홍익대, 숙명여대)라도 학종으로 가야 하니까 거기에 맞춰서 어쨌든 학종을 강조하고 보는 셈이다. 그래야 '우리 학교는 학종 명문'이라고 마케팅할 수 있고, '수시 학종 합격률 높은 학교'라고 자랑할 수 있을 테니 말이다. 눈앞의 모집 인원이 많은 전형을 버리고, 모집 인원이 소수이고 불확실성도 더 많은 입시 전략을 옹호하고 두둔하고 심지어 가스라이팅하고 있는 셈이다.

충청 | 제발 수능 공부 좀 합시다!

대학	전체	교과 전국	지역 교과	학종 일반	지역 학종	농촌	지역 기회	일반 정시	지역 정시
순천향대	158	10 (4합6)	36 (4합6)	10(X)	56(X)	2(X)	4(X)	34	-
건국대(글로컬)	110	0	11 (3합5)	14 (3합5)	30 (3합5)	5 (3합6)	3 (3합6)	20	22
단국대(천안)	122	0	52 (3합4)	15 (3합5)	0	2 (3합5)	0	18	22
충남대	203	21 (3합4)	45 (3합4)	45 (3합5)	30 (3합5)	2(X)	6 (3합6)	14	39
충북대	201	18 (3합4)	52 (3합5)	16 (3합5)	0	1(X)	5 (3합6)	42	64
건양대	104	23 (3합4)	52 (3합6)	0	0	2 (3합6)	3 (3합7)	10	12
을지대	108	20 (3합5)	62 (3합5)	0	3 (2합4)	2 (3합5)	2 (3합5)	15	-
	1,006	92	310	80	119	16	23	153	159

과거에는 지역인재전형을 노리고 수도권에서 지역으로 이사를 가기도 했는데 그 지역이 주로 부산이나 전북 전주였다. 요즘은 1순위가 충청 지역, 즉 천안이나 아산, 대전 등이다. 이 지역의 지역인재 인원이 제일 많이 늘었기 때문이다. 충청 지역을 보면 의대 모집 인원이 무려 1,006명이다. 전체의 20%에 해당한다. 의대 개수가 7개로 많기도 하다. 순천향대 158명, 건국대(글로컬) 110명으로 늘었다. 단국대(천안) 122명, 충남대 200명, 충북대 200명이다. 이전만 해도 충북대는 고작 40명이었는데 5배가 늘었다. 건양대 104명, 을지대 108명까지 합해 충청 지역이 1,006명이다. 순천향대만 유

104

일하게 수능최저기준 부담이 작은 편이다.

전국 모집 교과전형 10명과 지역 교과전형 56명 등 교과전형에는 4합6 수능최저기준을 두고 있지만 전국 모집 학종 10명, 지역 학종 56명에는 수능최저기준이 없다. 학종을 제대로 운영하는 셈이다. 순천향대의 의도는 무엇일까? 충청 지역의 영재학교나 과학고, 천안 북일고, 공주 한일고, 공주사대부고, 충남삼성고, 충남고, 대전고, 충북청원고 등 일부 명문고 학생의 유입을 의도했을 가능성이 높다. '일반고 학생이 내신과 학생부가 좋은데 수능에 자신이 없으면 우리가 구제해줄게.'라는 의도는 아마도 없을 것이다. 학교 브랜드가 받쳐주지 않는 평범한 고등학교 학생은 수능최저기준이 있는 의대에 도전하는 것이 현명하다.

순천향대를 제외하고 충정 지역 전체의 지역인재 상황을 정리해보자. 지역 교과전형으로만 310명을 선발한다. 지역 학종은 순천향대 56명을 제외하면 고작 63명이다. 충청 지역의 지역인재 특징은 교과전형이 압도적인 점이다. 학종에 너무 신경 쓰지 말고 교과 위주로 준비하고 수능최저기준을 맞추면 된다.

예를 들어 전교 1등 학생은 원서 6장을 낼 때 좋은 대학 교과부터 내고 좋은 대학 학종을 낼 것이다. 그리고 2등이 똑같이 6장을 낼 것이다. 그러면 순천향대 학종 56명이 있는데, 여기에는 수능최저기준이 안 나오는 1등들이 먼저 낼 수 있다. 그다음으로 수능최저기준이 안 나오는 2등이 낼 것이다. 그리고 브랜드 고교의 내신 최상위권이 대부분 지원할 것이다. 수능최저기준이 없는 학종은 그야말로 총성 없는 전쟁터가 될 것이다.

충청 지역 의대 지역인재 합격의 비밀은 지역교과전형에 있다. 첫째가 수능, 둘째가 내신이다. 수능과 내신을 모두 공부하고도 혹시 시간이 나면 학종까지 하면 된다. 역시 여기에서도 선생님들은 학종을 우선하라고 할 텐데, 학종으로 갈 수 있는 학교는 순천향대를 제외하면 거의 없다. 단 56명이다. 이 역시 전교 1등들의 차지일 것이다. '순천향대 의대 지역인재 학종 수능최저기준 없음'이라는 달콤한 유혹을 뿌리쳐야 한다. 그 달콤함 뒤에 '의대 불합격'이란 무서운 놈이 숨어 있다.

결론은 충청 지역에 지역인재전형 중 특히 교과전형이 많이 늘었기에(310명) 수능최저기준을 챙기면서 내신을 준비하면 된다. 충청 지역 학생만 지원할 수 있는 지역인재 정시 159명도 주목하자. 일반 전형보다 충남대 지역인재 정시는 커트라인이 매우 낮을 것이다. 3합4 정도인 학생이 수시에서 떨어졌어도 정시로 충청 지역 지역인재전형은 갈 수도 있다. 다시 말해 수능이 준비되었다면 충청 지역에서 의대에 못 가는 게 어렵다고 할 수 있다.

특히 고등학교 1학년과 중학교 1~3학년(고2는 해당 없음)이 충청 지역에서 지역인재를 목표로 한다면 수능에 좀 더 많은 시간을 할애해야 한다. 고등학교 1학년은 내신 기간인 4개월을 제외하고 8개월간 수능을 준비하고, 중학교 1~3학년은 1년 내내 수능 대비만 하면 된다. 특목고를 준비하느라고 수능을 준비하지 못하면 영영 기회를 잃는다. 수능최저기준이 없는 순천향대를 빼고는 기회가 없다.

'충청 지역 의대 합격 따라 하기'는 방법이 매우 간단하다. 어영부영하다가 서울, 경기, 인천뿐 아니라 광주, 부산, 대구에서 중학교 때 수능 준비를 마친 학생들이 수능최저기준이 낮은 데로 이사온다고 가정해보자. 특히 서울과 수도권은 초등학교 때 이사와야 하지만 대구나 부산, 광주에서는 중학교까지 마치고 고등학교 때 대전이나 천안 같은 곳으로 이사하면 충청 지역 지역인재전형 지원 자격이 주어진다. 수능 준비를 마친 학생들이 유입되면 정작 충청에서 수능 준비가 부족한 학생들은 지역인재전형 기회를 빼앗기게 된다.

호남 | 너무나 명확히 교과전형 중심

대학	전체	교과 전국	지역 교과	학종 일반	지역 학종	지역 기회	일반 정시	지역 정시
전남대	202	0	126 (3합5)	16 (3합5)	0	4 (3합6)	24	30
전북대	200	30 (4합5)	81 (4합6)	5 (4합6)	0	4 (4합6)	35	45
조선대	152	17 (3합5)	80 (3합5)	19 (3합5)	0	4 (3합6)	9	21
원광대	157	0	62 (3합5)	22 (3합6)	55 (3합6)	3 (3합6)	8	-
	711	47	349	62	55	15	76	96

호남 지역은 전남, 전북이 따로 있다. 특히 전북대가 전남권, 전북권을 따로 나눴는데 이 책에서는 일단 호남으로 같이 묶어서 분류했다. 지역인재

전형이 많이 늘었다. 전체 호남 지역 의대 모집 인원이 711명인데, 그중 지역 교과전형이 349명으로 알차다. 호남 지역에 지역 학종은 없다. 그래서 호남 지역은 간단하다. 오로지 수능과 내신만 준비하면 된다. 수능최저기준이 3합5, 4합6으로 다른 지역보다 낮은 편이다. 그래서 내신 경쟁이 가장 치열할 것으로 예상된다. 내신만 최상위를 점하면 학종 필요 없이 그리 어렵지 않게 지역교과전형으로 의대 합격이란 열매를 딸 수 있기 때문이다. 게다가 정시도 지역인재 인원이 일반 인원보다 많다. 정시 지역인재만 무려 96명이다. 수능은 정시와 수시를 동시에 노리는 기회이므로 호남에서는 첫째 내신, 둘째 수능을 준비하면 된다.

만약 광주, 전남, 전북 지역에서 수능최저기준을 못 맞추거나 내신이 부족해서 의대에 가지 못했다면, 이건 주변 어른들의 공동 책임이라고 할 수 있다. 그래서 중학교에 다니는 동안 선행, 유형 학습, 실전 대비를 충분히 해서 수능을 끝내고 고등학교에 진학한다고 생각해야 한다. 적어도 수능최저기준을 못 맞춰서 의대에 못 가는 일은 없어야 한다. 내신 상위권 학생이 지역인재로 지원하기에 가장 좋은 곳이 이 지역이다. 사실 내신이 상위권이고 수능최저기준만 맞추면 갈 수 있다. 349명이나 지역교과전형으로 뽑는데, 내신 잘 받고도 엉뚱하게 55명 뽑는 학종을 선택하는 우를 범하지 말자. 학종으로 갈 수 있는 곳도 원광대밖에 없는데, 원광대 학종은 내신 성적순으로 뽑는 것으로 유명하다.

실제 커트라인을 확인해보자. 2024학년도 학종 50% 컷이 1.14등급이고 70% 컷이 1.16등급이다. 학종이라지만 거의 내신 전형 수준이다. 그래서 광주, 전남, 전북에서는 학종을 할 이유가 전혀 없다. 학종 하느라 내신 떨어지고 수능최저기준을 못 맞추면 땅을 치고 후회할 테니 명심하기 바란다.

호남 지역은 다른 지역에 비해 고등학교가 많지 않다. 그래서 내신 성적 챙기고 수능최저기준을 유지하기만 하면 의대 합격이 비교적 쉬운 지역이다. 광주에 특목고와 특성화고를 제외하고 고등학교가 53개이고, 전남 지역 일반고는 81개이다. 전북 지역은 전주에 일반고 23개, 자사고 1개, 군산과 익산에 일반고 8개씩, 정읍 10개, 남원 6개, 김제 7개, 완주 2개, 진안 3개, 무주 4개, 장수 4개, 임실 1개, 순창 3개, 고창 5개, 부안 5개이다. 전북 지역은 지역인재의 신계라고 할 수 있다. 내신 열심히 하고 수능최저기준만 넘기면 지역교과전형이란 선물이 대기하고 있다.

서울이나 수도권 의대는 전교 1등 선에서 교과전형이나 학교장추천으로 합격한다고 생각해야 한다. 내신이 안 좋은 상황을 학종으로 돌파하거나 역전하려는 방법은 오히려 내신을 더 떨어지게 만들거나 그나마 수능최저기준도 날리는 상황으로 악화할 가능성이 높다. 2028학년도 입시가 바뀌면 내신 1등급은 기본이고, 여기에 수능최저기준을 맞추는 학생이 얼마나 되느냐가 호남 지역 의대 지역인재 상황을 결정하게 될 것이다. 어차피 지역 내에 자사고는 상산고 하나뿐이니 고교 유형에 따른 차이도 없기 때문에 중학생은 첫째로 내신, 둘째로 수능 공부라는 기조를 유지해야 한다. 혹시나 특목고 진학이나 수도권 고등학교 진학을 생각하는 중학생은 없을 것이라 확신한다.

강원 | 수능최저기준 맞추면 거의 합격!

대학	전체	교과(학추)	지역 교과	학종 일반	지역 학종	농어촌	지역 기회	일반 정시	지역 정시
한림대	104	0	0	49 (3합4)	18 (3합4)	3(X)	3(X)	30	0
연세대 (미래)	106	16 (4합5)	0	15 (4합5)	27 (3합5)	3 (3합5)	3 (3합5)	21	0
강원대	132	20 (3합5)	32 (3합6)	20(X)	30 (3합7)		3(X)	13	14
관동대	115	20 (3합5)	25 (3합6)	5 (3합6)	7 (3합5)	5 (3합6)	3 (3합7)	24	10
	457	56	57	89	82	11	12	88	24

수능최저기준이 없는 인원은 29명이고, 지역교과전형 57명, 지역 학종이 82명이다. 의외로 지역 학종이 많은 편이다. 강원대는 지역 학종이 3합7인데, 다른 대학 지역인재전형은 3합5 정도이다. 교과전형은 3합5 정도이다. 강원도는 지역인재전형에서 수능최저기준을 못 맞추는 학생이 더 많을 것이다. 수능최저기준만 맞추면 붙을 수 있는 셈이다. 강원대 교과전형은 커트라인이 어디까지 떨어질지 알 수 없다. 연세대(미래)는 27명이고 3합5만 맞추면 갈 수 있다. 강원 지역의 고교나 교육청 정보를 민감하게 살펴야 한다. 감히 예상하면, 내신 3등급인데 수능최저기준 맞춰서 합격하는 지역인재 사례가 나올 확률도 있다. 강원 지역은 학생 수도 적고, 수능을 공부하는 비율도 낮아서 무조건 지역인재를 노리고 도전하면 굉장한 기회가 있을 것이다. 덧붙여 전국 자사고인 민사고가 있는데, 여기는 국제학교형으로

수능을 하지 않는다. 민사고의 교육과정을 보면 수능을 공부하기가 힘들다. 결국 일반고끼리 경쟁하는 셈이니 수능최저기준이 더 중요해진다. 다른 지역과 달리 의대별 입시 결과를 분석해보자.

대학	교과(학추)	지역 교과	학종 일반	지역 학종
한림대	미선발	미선발	1.17~1.2(3합4)	1.55~3.47(3합4)
연세대(미래)	1.27~1.31(4합5)	미선발	1.41~1.5(4합5)	1.32~1.4(3합5)
강원대	1.07~1.09(3합5)	1.18~1.19(3합6)	평균 1.72(X)	미선발
관동대	1.15~1.17(3합5)	1.27~1.31(3합6)	1.32~1.35(3합6)	30% 1.39(3합5)

전교 5등이라도 수능최저기준을 맞추면 강원 지역에서 의대에 합격할 수 있을 것으로 보인다. 서울 지역 의대는 학교장추천으로 노리면서 내신과 수능을 잘 준비하면 다른 지역보다 모집 인원이 적지만 의대 합격은 더 쉬울 수 있음을 명심하자.

제주

학종이 3명, 지역교과전형밖에 없다. 이 지역 학생들이 지역인재를 노린다면 무엇을 준비해야 할까? 교과전형만 노리면 된다. 수능최저기준 3합6과 내신이다. 제주 지역 학생 가운데 수능을 잘하는 편이라 지역인재를 노린다면 내신 최상위가 매우 중요하다. 수능최저기준이 크게 높지 않기 때문이다.

명문고가 많고 수능이 강한 제주에서 내신 최상위 학생들이 수능최저 기준을 겨우 맞춰서 제주대를 노리는 경우는 많지 않을 것이다. 그러니 학종을 준비한 최상위권 학생은 수도권 의대 학종까지 같이 노려야 한다. 어쩔 수 없이 최상위권 학생은 다른 지역과 달리 학종을 준비해야 한다는 말이다. 지역인재가 너무 적은 탓이다. 제주는 제주대 하나뿐이라서 그것만 노릴 수는 없기에 수능과 내신, 비교과를 동시에 준비하자. 학종 자체에서 가장 영향력이 큰 내신 성적을 높이고 수능을 신경 쓰도록 하자. 더불어 제주 지역 특색에 맞는 비교과 등을 잘 챙겨두기를 잘해야 한다.

의대 합격은 수능이 좌우한다

앞서 의대 구조를 분석하면서 2026학년도 의대 인원 2,000명이 어떻게 늘어났는지, 지역인재 구조가 어떤지, 의대 입시에서는 왜 수능을 빼고 갈 수 없는지까지 알아보았다. 이제 수능 준비를 살펴보자. 보통 학부모님들은 수능 준비라고 하면 자신이 겪은 입시 과정을 머릿속에 떠올린다. 학부모님들은 대부분 수능 초기나 학력고사 세대인데, 그때는 '학종'이라는 게 없었다. 심지어 학력고사는 교과서가 한 종류였다. 국어도 수학도 한 가지 책에서 나왔다.

그런데 수능으로 바뀌면서 교과서가 18종, 28종으로 늘어났다. 그래도 초기에는 고등학교 2~3학년 때 배우는 내용, 특히 고등학교 3학년 때 배우는 내용이 주로 수능에 나왔다. 그렇다 보니 지금도 자신들이 입시 치를 때와 비슷할 것이라고 생각한다. 이는 매우 위험한 생각이다. 지금의 수능은 이전 교육과정과 판이하게 다르다. 3학년 때는 진로 선택 과목을 배우느라 수능 과목은 전혀 배우지 않는다. 그래서 고등학교에 입학하는 순간 수능 준비할 시간이 없다. 눈앞에 있는 내신이 매우 중요해 보이기 때문에 여기에만 시간을 할애하면서 허덕인다. 급한 것은 내신이지만 중요한 것은 수능인데, 사람은 누구나 중요한 것보다 급한 것을 먼저 하게 마련이다.

학생들은 대학 입시 구조를 제대로 알지 못한 상태에서 고등학교에 진학한다. 대학 입시를 제대로 분석하지 않고 학종에 유리하다는 생각에 특목고나 자사고에 진학하기도 한다. 실제로 고등학교에 가면 학종도 90%가 내신이라서 중간고사가 발표되면 학생들은 이때부터 내신 공부하느라 버거워한다.

의대 입시와 관련해 중학교 때 흔히 범하는 오류를 정리해보면 다음과 같다.

① 학종에 유리한 특목고나 자사고에 진학하면 의대 입시에 유리하다.

◈ 영재학교 진학 시 의대에 진학할 수 있는 경우:

(1) 영재학교에서 내신 최상위권에 들고, 수능최저기준이 없는 서울대 학종식. (일반전형) 평가순위 3등 안에 든다.

(2) 영재학교에서 내신 최상위권에 들고, 학교 몰래 수능 준비를 해서 2과목 1등급을 받고 연세대 학종 면접을 통과한다.

(3) 위 두 가지 경우에 해당하는 학생 중에서 수시 6회 지원 중 수능최저기준이 없는 성균관대 학종에도 지원해서 서류와 면접을 통과한다.

(4) 고려대 학종 중 수능최저기준이 없는 계열적합에 지원해서 1차 서류와 2차 면접을 통과한다.

(5) 수능최저기준이 없는 인하대 학종에 지원한다.

(6) 수능최저기준이 없는 순천향대 학종에 지원한다.

◈ 영재학교나 과학고 진학 시 의대 진학에 불리한 경우:

(1) 고등학교 내신에서 배우는 과목 중 수능 관련 과목이 적고 공부도 수능식이 아니라 학종식이어서 수능 준비에 매우 불리하다.

(2) 지역인재전형에 많은 교과전형이나 학교장추천전형을 포기해야 한다.

(3) 거의 50% 정도 선발하는 의대 정시 지원이 불가능에 가깝다.

(4) 재수하려고 해도 수능식 공부 방법이 익숙하지 않아 어려움을 겪는다.

(5) 영재학교나 과학고 준비 과정에서 국어 공부를 상대적으로 소홀하게 해서 수능 국어에서 약점이 보인다.

② 중학교 때 고2, 고3 내신을 선행하고 수능은 고등학교 입학 후에 하면 된다.

◈ 수능에 나오지 않는 고2, 고3 내신을 선행하면 유익한 점:

(1) 고교 진학 후 혹시 1학년 때 전교 최상위권에 들면 2~3학년에서 최상위권 내신을 유지하는 데 도움이 된다. 다만 반대급부가 따른다. 만약 의대에 진학할 만한 최상위권이 아니라면 하지 않아도 되는 2~3학년 내신을 선행하느라 수능 준비를 게을리한 후과가 따른다.

(2) 기분이 좋다.

◈ 수능에 나오지 않는 고2, 고3 내신을 선행하면 손해인 점:

(1) 수시로 의대에 갈 만한 내신이 나오지 않으면 하지 않아도 되는 공부를 미리 했으니 시간을 낭비한 셈이다.

(2) 수능 반복 학습을 한 번 더 했으면 과목별로 1문제는 더 맞힐 수 있었을 거라는 생각에 안타깝다.

◈ 수능 과목이 아닌 고2, 고3 내신을 현명하게 선행하는 방법:

수능 과목인 대수와 미적분1을 좀 더 완벽하게 반복하고, 미적분2는 수능 과목이 아니기 때문에 개념만 공부하고 수능식 문제 풀이는 하지 않아도 된다. 과학도 물리학(현재 과목으로는 물리1)은 2028학년도부터는 수능 과목이 아니기 때문에 통합과학을 한 번이라도 더 공부하고, 더 자신이 생기면 역시 개념만 공부한다. 수능 과목이 아닌데 수능형 문제 풀이까지 할 필요는 없다. 수능 과목이 아닌 내신에서는 수행평가가 더 강화될 것이고, 서술형이나 보고서 등 다양한 방식으로 평가할 가능성이 높다. 무턱대고 수능식 문제 풀이를 하면서 시간을 낭비할 필요는 없다.

③ 통합수학1·2 심화는 무조건 해야 한다.

대수와 미적분1은 수능 핵심 과목이니 진도를 빨리 나가는 것이 좋다. 통합수학1·2에서 수능 준비에 필요한 부분은 함수이다. 나머지는 개념과 기본적인 유형 학습 정도 하고 진도를 나가는 것이 좋다. 고등학교 1학년 내신 심화는 미리 하는 것보다는 중학교 3학년 말에 자신이 진학할 고등학교의 범위가 좁혀진 상태에서 진학할 고등학교의 내신 수준에 맞게 준비하면 된다. 중학교 2학년이나 3학년 초반에 고등학교 1학년 내신을 자사고 수준으로 심화하는 것은 과잉이다. 만약 자사고에 못 가고 일반고에 가면 어떻게 할 것인가? 지역 일반고에 진학할 학생이 수능 과목도 아닌 통합수학1·2를 자사고나 명문 일반고 수준으로 공부해서 크게 도움 될 일은 없다. 실제 수능 과목인 대수와 미적분1을 한 번이라도 더 보는 것이 의대 진학에 도움이 된다.

정작 고등학교에 진학하면 1학년 때 내신으로 통합수학1·2를 공부하기 때문에 대수와 미적분1은 여전히 천덕꾸러기이다. 2학년이 되면 그나마 내신이니까 대수를 공부한다. 그것도 1학기에만, 그리고 2학년 1학기 내내 미적분1은 소외당한다. 그러다가 2학기가 되면 이번에는 반대 현상이 벌어진다. 2학기 내내 미적분1만 공부하고 대수는 잊힌 과목으로 전락한다. 이렇게 실제 의대 입시에 가장 중요한 대수와 미적분은 고등학생이 가장 적게 공부하는 과목이 되고 만다.

④ 의대 입학에서 영어는 국어보다 중요하다.

영어는 내신을 잘 받기가 수능보다 어려운 과목이다. 그런데 이제 내신이 10%까지 1등급이 되었다. 영어의 중요도는 수능에서와 마찬가지로 내신에서도 상대적으로 비중이 낮아진 셈이다. 영어는 의대에 입학하고 나서 본격적으로 공부해도 된다. 여러분은 선택해야 한다. 영어 잘하는 재수생이 될지, 아니면 영어 좀 못하는 의대생이 될지.

⑤ 상산고(전국 단위 자사고)는 전교 20등까지 무조건 수시로 의대에 간다.

상산고에서 서울대에 가려면 1등을 해야 한다. 아니면 적어도 2등은 해야 한다. 상산고는 서울대 수시 합격생을 1명 정도 배출한다. 연세대도 1명 정도이고, 성균관대도 간혹 있다. 고려대도 2~3명은 나오는데, 문제는 중복된다는 점이다. 상산고 상위권은 6회 수시 지원 기회를 대부분 의대에 활용하기 때문이다. 최소 10등 안에 들고 수능최저기준은 안정적으로 맞추어야 서울권 의대에 진학할 수 있다. 10등대 성적으로는 잘하면 가천대나 한림대, 경북대 정도를 노려보거나 지역인재로 호남권 의대를 노리는 방법뿐인데 이게 문제이다.

사실 상산고에서 10등대 학생이면 수능 공부만 했으면 아마도 자력으로 서울권 의대에 합격할 수 있을 것이다. 수능에 나오지 않는 과목 내신 준비와 수능 방식이 아닌 학종 방식의 다양한 학습에 시간을 투자하면서 수능 성적이 하락했기 때문에 수능 위주인 의대 진학에 분명히 방해받았을 것이다. 자사고에는 수시로 의대에 합격할 수 있는 수준인 학생이 진학하는 것이 좋은 선택으로 보인다. 아니면 애초에 자사고에 가서 학종 신경 쓰지 말고 학업 분위기가 좋으니 학교 수업과 무관하게 수능을 준비하는 게 맞는 셈이다. 그런데 학교 수업과 무관하게 수능을 준비하려면 굳이 자사고에 갈 필요가 있을까?

⑥ 영재학교 준비는 의대 진학에 도움이 된다.

영재학교 준비는 초등학교 때는 의대 진학에 도움이 된다. 목표 의식이 있고 자신의 공부 한계가 어디까지인지 확인할 수 있다는 장점이 있다. 덤으로 절대적인 공부 시간도 증가한다. 하지만 중학생이 되면 다른 문제가 발생한다. 의대에 진학할 계획이라면 본격적으로 수능을 준비해야 하는데, 영재학교 준비와 수능 준비는 상극이다. 일단 영재학교 준비에 필요한 수학 선행에서 수능 과목과 어긋나는 경우가 많다. 또 학원들이 학생들에게 오개념을 주입하는 경우가 많다. "영재학교가 의대 합격에 유리하다.", "물리2까지 선행해두면 의대에서 모셔 간다.", "영재학교 합격해도 혼자서 수능 준비해서 의대 가면 된다.", "영재학교 가서 내신이 좀 나빠도 의대들이 서로 모셔 가려고 한다.", "서울대는 공대가 짱이고 의대는 짝퉁이다." 등 너무나 많은 오개념이 사춘기 중학생에게 무비판적으로 스며든다. 과학이 중점인 영재학교나 과학고에 가겠다는 학생이나 보내겠다는 학원이나 너무나 비과학적 샤머니즘에 오염되어 있다. 중등 사교육은 항상 주의해야 한다. 의대에 갈 목표를 세운 학생이라면 특목고나 자사고 준비와 연관된 학원은 멀리하는 것이 좋다고 생각한다.

⑦ 의대 진학에 학종 준비는 필수이다.

이게 가장 최악의 오개념이다. 의대 학종 준비는 일단 내신 최상위권이 아니면 의미가 없다. 일반고는 1등이나 2등, 자사고는 수준에 따라 1등부터 3등까지 또는 10등 정도까지만 의미가 있다. 학종으로 진학할 수 있는 의대가 얼마 없기 때문이다. 학종 준비한다고 해서 아무나 갈 수 없다. 차라리 정시나 논술을 준비하는 것이 효과적이다. 혹자들이 의대 학종 준비하다 안 되면 서울공대나 연세공대, 고려공대에 가면 된다고 말하는 경우가 있는데, 적어도 의대를 목표로 하는 학생 수준이면 학종으로 시간 낭비하지 말고 수능만 준비해도 정시로 서울대, 연·고대 공대는 진학할 수 있다. 이게 더 확실한 대비책이다.

⑧ 학종에 유리한 고등학교에 입학하면 의대 합격에 도움이 된다.

학종에 유리한 고등학교는 확실히 공대 학종 진학에는 유리하다. 하지만 의대는 그 학교에서 예년에 수시로 의대에 합격한 등수까지 학생에게만 유의미하고 나머지 학생에게는 오히려 의대 진학에 걸림돌이 된다. 수능을 준비해야 하는데 자꾸 수행평가와 보고서를 하라고 강요하니 수능을 준비할 시간이 없기 때문이다. 십 대 청소년이 이를 냉정하게 거절하고 수능 공부에 집중하기란 사실상 불가능하다.

교과·수능 과목 분석

① 현재 고등학교 1학년

현재 수능 과목은 2027학년도 수능까지만 적용하므로 지금의 고등학교 1학년까지 해당한다. 국어는 공통 과목이 독서, 문학이다. 선택 과목은 화작(화법과 작문), 언매(언어와 매체) 중에서 1개를 선택해야 한다. 보통 독서, 문학은 2학년 내신이고 화작이나 언매는 3학년 내신이다. 그래서 이 중 하나를 해야 하고, 수학은 공통 범위가 수학1·2이다. 2학년 내신 과목이다. 3학년이 되면 확통(확률과 통계)이나 미적, 기하 중 하나를 선택하는데 모두 수능 선택 과목이다. 현재 고등학교 1~2학년 학생은 3학년 때 수능과 연결되는 과목이 국어에서는 화작, 언매, 수학에서는 확통, 미적, 기하 중에서 하나라는 걸 알아두자. 아주 중요한 수능 공통 과목은 3학년 때 학교에서 수업을 하지 않을뿐더러 시험도 안 본다.

그러면 어떻게 공부해야 할까? 영어는 공통으로 똑같고, 한국사도 같다. 한국사도 대부분 1학년 때 내신으로 했기 때문이다. 현재 고등학교 1~2학년 중에서 의대 지망생은 이과에 가서 과학탐구를 해야 한다. 물화생지 1·2 중에서 2개를 골라야 한다. 학교 내신에서는 물화생1을 듣도록 많이 유도한다. 의대에 가고 싶다는 학생에게 유리할지 모른다며 내신에서 물화생1을 선택하게끔 한다.

내신으로 2학년 1학기 중간고사 때 물리1 1단원을 공부하고, 기말고사 때 2단원을 공부하고, 2학기 때 나머지 단원을 공부해서 시험을 본다. 내신에서도 물리가 어려우니 주로 학원도 다닌다. 그러다가 느닷없이 3학년이 되어 "선생님, 물리1로 수능을 보면 어려울 것 같아요. 저 지구과학1 하면 안 돼요?"라고 말하는 학생들이 생겨난다. 생기는 정도가 아니라 꽤 많다. 애초에 내신으로 지구과학1을 했어야 한다. 1학년 때 자신의 성적으로 의대 수시가 가능한지 확인하고 2학년 선택 과목을 고를 때 수능 볼 두 과목을 반드시 내신에 넣어야 한다.

의대에서 필수로 공부하는 과목에 물리가 있는 학교는 많지 않다. 대부분 화학, 생명과학이다. 지구과학을 하라는 학교도 없다. 그런데도 굳이 물리를 해야 한다고 말할 필요는 없다. 의대에 수시로 갈 수 있는 학생만 수시를 위한 고등학교 2학년 내신을 선택해야 한다. 1학년 성적으로 수시 의대 진학이 어렵다고 판단되면 2학년 내신 선택에서 수능 공부를 우선으로 고려해야 한다.

② 현재 중학생

- 2025년 고등학교 1학년 신입생부터 적용되는 수능 과목

영역		현행	2028 수능
국어		공통+2과목 중 택1 공통: 독서, 문학 선택: 화법과 작문, 언어와 매체	공통 화법과 언어, 독서와 작문, 문학
수학		공통+3과목 중 택1 공통: 수학1, 수학2 선택: 확률과 통계, 미적분, 기하	공통 대수, 미적분1, 확률과 통계
영어		공통 영어1, 영어2	공통 영어1, 영어2
한국사		공통 한국사	공통 한국사
탐구	사회·과학	17과목 중 최대 택2 사회: 9과목 한국지리, 세계지리, 세계사, 동아시아사, 경제, 정치와 법, 사회·문화, 생활과 윤리, 윤리와 사상 과학: 8과목 물리학1, 화학1, 생명과학1, 지구과학1, 물리학2, 화학2, 생명과학2, 지구과학2	사회: 공통 통합사회 과학: 공통 통합과학
제2외국어/한문		의대와 무관	의대와 무관

중학교 1~3학년에게 적용되는 개정 수능안을 짚어볼 필요가 있다. 개정 수능 이후에도 고등학교에 가면 수능 공부를 안 한다고 봐야 한다. 국어는 언어와 매체, 화법과 작문을 합쳐서 '화법과 언어'라는 과목이 생겼고, '독서와 작문'이라는 과목도 생겨났다. 그리고 문학을 배운다. 이 과목들을 모두 공부해야 한다. 국어는 오히려 수능 범위가 늘어났다고 봐야 한다. 저 과목들이 대부분 2학년 내신이다. 수학은 범위가 확 줄어서 대수, 미적분1,

확통만 하면 된다. 2학년 내신에서 주력인 대수, 미적분이 수능 범위이고, 3학년 때 하는 확통이 수능 범위라는 걸 알아두자. 중요한 수능 수학을 3학년 때 1과목만 하는 거고, 나머지 과목은 못 하는 것이다. 계속 강조하지만 내신은 범위가 쪼개져 있다.

예를 들어 2학년 1학기 때 대수를 내신으로 본다고 해도 범위는 중간고사가 절반, 기말고사가 절반이다. 기말고사 때 내신 위주로 공부하는 것이 위험하다고 말하는 이유는 이전에 배운 중간고사 범위는 제외되기 때문이다. 그다음 2학기가 되면 미적분1이 내신 범위이다. 과연 어느 누가 대수를 거들떠볼까? 그런 식으로 2학년 때 내신만 하고 지나갔는데, 3학년 때는 대수와 미적분을 아예 하지 않는다. 그러니까 구조상 수능 과목을 내신으로 공부할 수 있는 확률이 확 떨어진다.

사회, 과학은 1학년 때 배운 것만 수능에 포함된다. 2~3학년 때는 통합과학과 통합사회보다 어려운 물리학, 화학, 생명과학을 해야 한다. 이후에는 물리2를 두 개로 쪼갠 역학과 에너지, 전자기와 양자를 해야 한다. 이렇듯 실제 수능 과목과 내신 과목의 불일치가 매우 심각하다. 이 혼란을 현재 중학교 학생들이 겪게 될 것이다. 고교학점제와 2028학년도 입시가 이것을 조장하고 있다. 좌측 깜박이를 켠 채 우회전하는 셈이다. 이 와중에 의대 정원을 5,000명으로 늘렸고, 교육부는 정시를 축소할 생각이 없다고 밝혔다. 지방 의대는 수능최저기준을 여전히 3합4, 3합5로 걸고 있다. 심각한 사태가 우리 목전에서 벌어지고 있다.

<table>
<tr><th rowspan="2">교과(군)</th><th rowspan="2">공통과목
(기초소양)</th><th colspan="3">선택 과목</th></tr>
<tr><th>일반선택
(학문별 주요내용)</th><th>진로선택
(심화과목)</th><th>융합선택
(교과융합, 실생활응용)</th></tr>
<tr><td>국어</td><td>공통국어1, 2</td><td>화법과 언어,
독서와 작문,
문학</td><td>주제 탐구 독서,
문학과 영상,
직무 의사소통</td><td>독서 토론과 글쓰기,
매체 의사소통,
언어생활 탐구</td></tr>
<tr><td>수학</td><td>공통수학1, 2
기본수학1, 2</td><td>대수, 미적분1,
확률과 통계</td><td>기하, 미적분2,
경제수학,
인공지능 수학,
직무 수학</td><td>수학과 문화,
실용 통계,
수학과제 탐구</td></tr>
<tr><td>영어</td><td>공통영어1, 2
기본영어1, 2</td><td>영어1, 2</td><td>영미 문학 읽기,
영어 발표와 토론,
심화 영어,
심화 영어 독해와 작문,
직무 영어</td><td>실생활 영어 회화,
미디어 영어,
세계 문화와 영어</td></tr>
<tr><td>사회
(역사/도덕
포함)</td><td>한국사1, 2
통합사회1, 2</td><td>세계시민과
지리, 세계사,
사회와 문화,
현대사회와
윤리</td><td>한국지리 탐구,
도시의 미래탐구,
동아시아 역사 기행,
정치, 법과 사회, 경제,
윤리와 사상,
인문학과 윤리,
국제 관계의 이해</td><td>여행지리,
역사로 탐구하는
현대 세계,
사회문제 탐구,
금융과 경제생활,
윤리문제 탐구,
기후변화와 지속가능한
세계</td></tr>
<tr><td>과학</td><td>통합과학1, 2
과학탐구
실험1, 2</td><td>물리학,
화학,
생명과학,
지구과학</td><td>역학과 에너지,
전자기와 양자,
물질과 에너지,
화학 반응의 세계,
세포와 물질대사,
생물의 유전,
지구시스템과학,
행성우주과학</td><td>과학의 역사와 문화,
기후변화와 환경생태,
융합과학 탐구</td></tr>
<tr><td rowspan="2">기술·가정/
정보</td><td rowspan="2"></td><td>기술·가정</td><td>로봇과 공학세계,
생활과학 탐구</td><td>창의 공학 설계,
지식 재산 일반,
생애 설계와 자립,
아동발달과 부모</td></tr>
<tr><td>정보</td><td>인공지능 기초,
데이터 과학</td><td>소프트웨어와 생활</td></tr>
</table>

• 2022 개정 교육과정 고등학교 보통교과

교과(군)	공통과목 (기초소양)	선택 과목		
		일반선택 (학문별 주요내용)	진로선택 (심화과목)	융합선택 (교과융합, 실생활응용)
제2외국어/ 한문		독일어, 프랑스어, 스페인어, 중국어, 일본어, 러시아어, 아랍어, 베트남어	독일어 회화, 프랑스어 회화, (...) 베트남어 회화, 심화 독일어, 심화 프랑스어, (...) 심화 베트남어	독일어권 문화, (...) 베트남 문화 8개 언어 모두 각각의 회화/심화/ 문화 과목 포함
		한문	한문 고전 읽기	언어생활과 한자
체육		체육1, 2	운동과 건강, 스포츠 문화, 스포츠 과학	스포츠 생활1, 2
예술		음악, 미술, 연극	음악 연주와 창작, 음악 감상과 비평, 미술 창작, 미술 감상과 비평	음악과 미디어, 미술과 매체
교양		진로와 직업, 생태와 환경	인간과 철학, 논리와 사고, 인간과 심리, 교육의 이해, 삶과 종교, 보건	인간과 경제활동, 논술

• 파란색 글씨가 수능 과목이다. 고3 때는 수능 과목을 하나도 안 할 수도 있다.

③ 특목고 1학년과 특목고 진학을 원하는 중학생

- ◎◎과학고 2024년 입학생 교육과정

구분			필수 과목		선택 과목	
			기본필수	심화필수	기본선택	심화선택
교과 활동	일반 교과	국어	국어1, 2	문학 수용과 창작 독서토론	고급글쓰기 의사소통	매체언어 언어 탐구
		사회	한국사 사회		세계사 국제관계의 이해 현대 경제의 이해	사회학 현대사회와 법 역사특강
		외국어	영어1, 2	영어독해와 작문 심화영어	시사영어 영미문학이해	고급영어독해와 작문 영문법
					일본어1 중국어1	일본어2 중국어2
		체육 예술	체육1, 2	체육3, 4 운동과 건강생활 스포츠과학 음악, 미술		
	창의 융합 교육 및 미래 역량 계발		창의융합교육			미래역량계발
			메이커 융합과학1, 2		뇌과학 로보프로젝트 과학사 및 과학철학 인공지능	현대 대수학 위상수학 전기전자회로 전자기학 나노 소재학 유기 반응 생명정보학 생화학 환경 과학 컴퓨터그래픽스 드론 프로그래밍
					전산물리학 응용화학탐구 생명과학주제토론 지구과학주제토론 인공지능수학 인공지능과 피지컬컴퓨팅	
	전문 교과	수학	수학1, 2	수학2 미적분학1	미적분학2 선형대수	확률과 통계 미분방정식 수학세미나1, 2

<table>
<tr><th colspan="3" rowspan="2">구분</th><th colspan="2">필수 과목</th><th colspan="2">선택 과목</th></tr>
<tr><th>기본필수</th><th>심화필수</th><th>기본선택</th><th>심화선택</th></tr>
<tr><td rowspan="3">교과
활동</td><td rowspan="3">전
문
교
과</td><td rowspan="2">과학</td><td rowspan="2">물리학1, 2
화학1, 2
생명과학1, 2
지구과학1, 2</td><td></td><td>일반물리학실험1, 2
일반화학실험1, 2
일반생명과학실험1, 2
일반지구과학실험1, 2</td><td rowspan="2">물리학과 첨단기술
현대물리학 개론
물리학 세미나1, 2
기초유기화학
첨단기기분석
화학 세미나1, 2
분자생물학
유전학의 이해
생명과학 세미나1, 2
전체 관측
지질학
지구과학 세미나1, 2</td></tr>
<tr><td></td><td>일반물리학1, 2
일반화학1, 2
일반생명과학1, 2
일반지구과학1, 2</td></tr>
<tr><td>정보
과학</td><td>정보과학1, 2</td><td>프로그래밍
실습1, 2</td><td>객체지향 프로그래밍
자료구조</td><td>데이터과학
정보과학 프로젝트</td></tr>
<tr><td rowspan="3">연구
활동</td><td colspan="2">자율연구</td><td colspan="4">자율연구1, 2, 3, 4</td></tr>
<tr><td colspan="2">현장연구</td><td colspan="4">국내현장연구, 국외현장연구, 과제연구</td></tr>
<tr><td colspan="2">졸업논문</td><td colspan="4">졸업논문연구1, 2</td></tr>
</table>

출처: 학교알리미

위 표는 영재학교인 ◎◎과학고의 교육과정이다. 그나마 특목고가 일반고와 비슷하게 배우는 과목이 국어1·2, 문학 수용과 창작, 독서 토론이다. 그런데 문학 수용과 창작은 수능 범위가 아니다. 왜냐하면 수능 문제에는 이런 것들이 나오지 않는다. 그다음 ◎◎과학고 학생들이 메인으로 배우는 수학, 과학이 50%이다. 여기에서는 무엇을 배울까? 뇌과학을 배운다. 또 로봇 프로젝트, 과학사, 과학철학, 전산물리학, 응용화학탐구, 생명과학

주제토론, 지구과학 주제토론을 배운다. 그런데 수능에서는 통합과학을 본다. 인공지능수학, 인공지능과 피지컬컴퓨팅을 배운다.

수학은 수학1·2까지는 좋다. 그런데 전문 교과로 배우는 수학3과 미적분학이 난해하다. 미적분학은 일반 교과인 미적분1과는 다르다. 이건 'Calculus'라고 해서 대학 과정을 미리 배우는 것이다. 미적분학2를 배우고 선형대수를 배운다. 그다음 확률과 통계를 짚어보자. 이건 수능 과목이 맞다. 미분 방정식을 배우고 수학 세미나를 한다. 이렇듯 수능과 관련없는 공부를 너무 많이 해야 한다. 과학은 물리학1·2, 화학1·2까지는 좋다. 2~3학년 때는 일반물리학실험1·2, 일반화학실험1·2, 일반생명과학실험1·2를 해야 한다. 수능 공부를 할 시간이 없다.

이 학생들은 기숙사 생활을 하는데 "선생님, 저는 실험이 중요한 게 아니고 통합과학을 공부해야 하니까 시간 좀 빼 주세요."라고 어떻게 말할 수 있을까? 특목고에 가는 순간 수능 준비하고는 거리가 멀어질 수밖에 없다. 특목고에 가더라도 '수능최저기준을 맞춰서 의대에 한번 도전해볼까?' 하는 생각이 조금이나마 있는 학생이라면 특목고 입시 준비를 할 게 아니라 중학교 때 수능 과목을 다 끝내고 고등학교에 진학해야 한다. 그래야 수능 준비를 마쳤으니 무엇인가 해볼 여지가 있는데 그런 준비가 되어 있는 게 아니라면 대책이 없다고 할 수 있다. 의대에 진학하고 싶다면 과학고, 영재고에 가지 말라고 필자가 강조하는 이유이다.

④ 자사고 1학년과 자사고 진학을 원하는 중학생

• 전국 단위 자사고 ◎◎고 교육과정

구분	영역	교과(군)	1학년		2학년		3학년	
			1학기	2학기	1학기	2학기	1학기	2학기
학교 지정	기초	국어	국어	국어	독서	문학		
		수학	수학(상)	수학(하)				
		영어	영어	영어				
		한국사	한국사	한국사				
	탐구	사회	통합사회	통합사회				
		과학	통합과학	통합과학 실험				
	생활 교양	기술가정	진로와 직업	인공지능 기초				
학생 선택	기초	국어					언어와 매체	화법과 작문
		수학			수학1 확률과 통계	수학2 미적분 기하	수학과제 탐구 심화수학1	심화수학2
		영어			영어1	심화영어 독해1	영어독해와 작문	영어2
		국어					심화국어	영미문학 읽기
	탐구 생활 교양	사회		경제				
		과학		화학1				
					물리학1 생명과학1 지구과학1			
						물리학2 화학2 생명과학2	고급 물리학 고급 화학	응용물리학탐구 융합화학탐구
			제2외국어 /교양				논술	컴퓨터 네트워크
추가 과정				ITP: 과학교양	ATP: 과학과제 연구	인공지능 수학	화학 세미나	선형대수학

이 고등학교는 요즘 나름 의대도 보내고 학종으로 성과를 내서 서울대, 포항공대 합격생도 많이 배출하는, 잘나가는 전국 단위 자사고이다. 1학년 때는 일반고와 같은 과목으로 국어 3단위를 배운다. 독서와 문학을 2학년 1~2학기 때 배우는 것도 같다. 수학과 영어도 동일하게 배운다. 교장 재량으로 최대한 학교 측에 필요한 과목을 늘려 교육과정을 짤 수 있는데, 3학년이 되면 국어는 언매, 화작 중에서 하나를 한다. 이 또한 일반고와 비슷하다. 일반고는 그나마 수능 수학 과목인 수학1·2를 2학년 때, 미적분을 3학년 때 하는데, 이 학교는 수학1·2, 미적분을 동시에 2학년 때 끝내버린다. 그러니까 이 학생들은 2학년 때 수능을 끝낸 셈이다. 그리고 3학년 1학기에 심화수학1을, 2학기에 심화수학2를 한다. 어쨌든 수능과 상관없는 공부를 3학년 때 해야 한다. 국어는 심화국어, 심화영어 중 하나를 택하고 고전읽기, 영미문학 읽기를 하나 택하는 식으로 하다 보니 3학년 때 수능과 직결되는 과목은 언매 하나이다.

따라서 자사고에 가려는 학생이 적어도 중학교 때 수학을 다 끝내고 기숙사에서 혼자 공부해도 문제가 없는 상태로 입학하지 않는다면 강남 학생이나 재수생들과 수능으로 경쟁해서 의대에 간다는 건 말이 안 된다. 사실 의대 진학을 희망하는 지금 고등학교 1~2학년이 자사고에 입학하는 건 굉장히 불리할 수 있다. 물론 능력이 탁월해서 그 가운데서도 수능 1등급을 받고 의대에 갈 수도 있지만 어차피 학종으로 의대 가는 것이 아니면 굳이 하지 않아도 되는 고생을 할 수도 있다. 수능을 공부하기에 좋은 환경과 조건도 아닌데 말이다.

덧붙여 이 고등학교에는 또 다른 선택 과목이 있다. 2학년까지 물화생지1을 배운다. 물리1, 화학1 중 하나는 1학년 때, 나머지 3개는 2학년 1학기에 한다. 이게 수능 과목이다. 그러니까 수능 과목은 그나마 2학년 때 하는 것이 일반고와 같다. 3학년이 되면 고급 물리학, 고급 화학을 하고 데이터 과학 등을 해야 한다. 또 정보 과제 연구나 신문 활용 교육을 해야 한다. 3학년 1학기부터 하는 것 중에 하나가 계절학기로 선형대수학, 화학 세미나 등이다. 수능 공부를 할 틈이 없다는 말이다. 대학 진학에 직접적으로 도움이 되지 않는 공부를 너무 많이 하는 시스템이다.

같은 지역 농어촌에 있는 △△고는 일반고인데, 1학년 때는 똑같은 걸 배우고 2학년 때 문학, 독서를 배운다. 3학년 1학기 때 화작, 2학기 때 언매를 한다. 의대에 가려는 학생이 언매를 한다면 3학년 2학기 때 수능 과목과 일치하고, 2학년 때 문학, 독서를 하는 것이다. 3학년이 되었는데 수능 과목을 챙겨주지 않는 건 일반고나 자사고나 특목고나 똑같다. 그나마 일반고는 이상한(?) 과목을 덜 공부하지만 자사고와 특목고는 수능 준비를 안 해줄뿐더러 수능에 필요하지 않은 공부를 더 많이 한다는 점이 큰 차이이다. 수학도 수학1·2를 2학년 때 하고, 확통은 3학년 1학기 때 한다. 어차피 수능 과목은 2학년 때 하는 것은 동일하다. 영어도 똑같다.

학생 선택에서 3학년 때는 미적분을 한다. 탐구에서 생명과학1, 물리학1, 화학1을 2학년 1~2학기 때 집중 이수로 끝낸다. 흥미로운 건 지구과학1을 3학년 때도 들을 수 있게 해놨다. 만약 의대에 가려고 수능 공부를 하는 학생이라면 2학년 때 물리1, 화학1을 듣고, 3학년 때 지구과학1을 들으면 된다. 그러면 적어도 과학 중 한 과목은 수능 과목에 해당하는 걸 내신으로 챙길 기회가 생긴다.

교육과정만 놓고 보면 일반고인 △△고가 수능과 가장 친화적이며 의대 입시에 필요한 수능최저기준을 맞추기에 가장 도움이 된다고 할 수 있다.

• 농어촌 일반고 △△고 교육과정

구분	영역	교과(군)	1학년		2학년		3학년	
			1학기	2학기	1학기	2학기	1학기	2학기
학교 지정	기초	국어	국어	국어	문학	독서	화법과 작문	언어와 매체
		수학	수학(상)	수학(하)	수학1	수학2	확률과 통계	수학과제탐구
		영어	영어	영어	영어1	영어2	영어독해와 작문	진로영어
		한국사	한국사	한국사				
	탐구	사회	통합사회	통합사회				
		과학	통합과학 과학탐구실험	통합과학 과학탐구실험				
	생활 교양	교양	보건 직업과 진로	보건 직업과 진로	한문	한문	논술	논술
학생 선택	기초	수학			기하	기하	미적분	미적분
	탐구	사회 과학			물리학1 생명과학1	화학1 사회 1개	지구과학1 물리학2 화학2	과학사 융합과학 여행지리

고등학교도 전략적으로 선택하자

수능 준비에 유리한 고교!

중학교 때 '명문고나 특목고에 가면 대학 입시에 유리하다.'고 착각했던 건 서울공대에 해당하는 이야기이다. 서울공대, 카이스트, 연세공대, 고려공대에 간다면 유리한 게 맞다. 학종에서 선형대수를 의미 있게 활용하는 건 공대이지 의대는 아니기 때문이다. 의대와 공대 학종의 결정적 차이는, 의대에는 수능최저기준이 모두 있고, 공대에는 대부분 없다는 점이다. 그런 측면에서 수능과 교육과정의 부조화는 당연히 특목고가 1순위로 심하고, 그다음이 자사고이다. 일반고가 가장 덜하다. 이 점을 충분히 인지해서 고등학교를 선택할 때, 고등학교 2~3학년 시기에 수능 준비 계획을 세울 때 반드시 고려했으면 한다.

다시 강조하지만 의대가 목표라면 '중학교 때 수능을 끝낸다!'는 생각을 가져야 한다. 고등학교에 가면 내신과 수능을 병행해야 하는데, 이 말은 수능 1등급 받을 실력을 갖추라는 뜻이다. 적어도 수능 과목은 머릿속에 개념이 갖춰져 있어야 하며 이것이 실력이다. 그래서 대수, 미적분1에 해당하는 지수함수, 로그함수, 삼각함수, 수열, 함수의 극한, 미분, 적분 이 여섯 대단원에 해당하는 개념이 머릿속에 완벽하게 자리 잡고 있어서 언제 물어봐도 술술 이야기할 수 있을 정도가 되어야 한다. 쎈, 일품, 수엘 같은 교재로 기본적인 유형 학습까지는 끝내야 한다.

5등급제로 바뀐 내신에서는 어느 고등학교에 가더라도 1등급을 받지 못하면 수시에서 의대 진학 자체가 불가능하다. 자사고 2등급이 서울공대나 연·고대 공대를 노릴 수는 있지만 의대는 어림없다.

수능 득점 능력 키우기

고등학교에 입학하면 내신만 공부하기에도 바쁘니 수능 관련해서는 득점 능력만 유지하면 된다. 매주 모의고사를 보면서 앞 단원부터 뒤 단원까지 잊어버리지 말아야 한다. 중학교 때 대수, 미적분1을 한 번 끝내야 하고, 대수 1단원부터 미적분1 3단원까지 모두 나오는 모의고사를 계속 보면서 수능 문제 유형 감각을 유지한 상태로 '기출에는 이런 게 나오고, 이게 킬러 문제구나.' 같은 감을 계속 유지하자. 주중에는 내신을 공부하고, 주말에는 수능 수험생으로 변신해 공부하면서 3년간 유지하지 않으면 수능 1등급을 절대 이룰 수 없다. 의대가 목표인 학생들은 '수능 루틴'을 이런 식으로 갖춰야 한다.

그러니 지금 중학생들은 통합수학1·2에 너무 몰입하지 말자. 통합수학은 대수와 미적분1을 배우려고 거치는 과정이라고 생각해야 한다. 차라리 대수, 미적분1을 빨리 공부하고 수능 유형 학습에 더 많은 시간을 투자하기를 권한다. 대수와 미적분1을 기본 정석이나 개념원리 같은 교재로 충분히 개념을 정리한 다음 유형 학습을 하는 것이다. 유형 학습지에는 쎈, RPM, 수엘, 일품 등이 있고 학원마다 자체 개념서와 문제 유형 학습서를 갖고 있다.

3장

의대 합격의 3요소
(수능, 내신, 고교 브랜드)

의대 정원은 5,000명(2025학년도는 4,509명으로 확정되었고 2026학년도는 39개 의대 전형 계획안에 2,000명 증원이 모집 인원으로 발표었지만 2026학년도 정원은 변동될 여지가 있다. 2024년 8월 기준으로 정부와 의사 단체의 논의 테이블은 없다. 하지만 언제까지 이렇게 갈 수는 없기에 2025년 3월 전에 정부와 의사 단체의 합법적인 논의 테이블이 만들어지면 2,000명은 너무 많다며 1,000명 선에서 합의될 수도 있다.)으로 증가했다. 수도권을 제외한 지역의 70% 정도가 모집 인원을 지역인재로 편제하였으며, 수시뿐 아니라 정시에도 골고루 분포했다.

정시는 수능 성적순이며, 수시는 내신 성적순이지만 수능최저기준이 모두 포함된다. 의대 입시에서 대구·경북 지역은 모두 3합4이며, 부·울·경 지역은 3합4부터 3합6까지 넓게 분포되어 있다. 그러나 부산대가 3합4를 기준으로 했기 때문에, 부·울·경 지역 의대를 준비하는 학생들은 3합4를 수능최저기준으로 생각해야 한다. 반면 충청 지역이 조금은 여유롭다. 3합5 정도가 기준이다.

지역인재전형의 기준이 3합5 정도라면 국어, 수학, 탐구, 영어 4과목 중 하나는 1등급을 받아야 한다. 그런데 3합5를 수능최저기준으로 하는 의대에서는 대부분 수학을 필수로 포함하라는 조건을 내건다. 최소한 의대가 목표인 학생은 수학만큼은 확실하게 수능에서 1등급을 받아야 한다는 것이다. 그런데 수능에서 수학을 1등급 받는 것이 생각보다 쉽지 않다. 작년(2024학년도) 수능 수학 영역에 426,625명이 응시했고 이 중 1등급은 1만 7,910명이었다. 비율로는 4.2%이다. 1등급 기준이 4%인데 4.2%가 1등급인 이유는 동점자가 발생해서이다. 전국 2,000여 고등학교에서 전교 10등 안에 드는 인원과 비슷하다.

내신이 전교 10등 이내에 들면 수능도 1등급이 나와야 정상이다. 2024년 학교알리미 자료에 따르면 전국 고등학교 입학생 평균이 187명이다. 내신 1등급이 4%라고 하면 187명 중 7.5명이다. 대략 전국 2,000개 고교에서 한 학교당 7명이나 8명은 수학 내신이 1등급으로 나온다. 비율로 계산했을 때 정상적으로는 이 학생들이 모두 수능 수학도 1등급이 나와야 한다. 그러면 수시 의대 결과에서 전국 2,000개 고교의 합격 인원이 골고루 1명이나 2명이 나와야 한다.

하지만 실제 결과는 수시로 의대에 합격한 학생이 10명이 넘는 학교도 나타나고, 1명도 의대 합격생을 배출하지 못한 학교도 허다하다. 이런 고교별 의대 수시 합격생의 격차에 영향을 가장 많이 미치는 요소가 바로 수능최저기준 충족 여부이다. 수능최저기준을 맞춰서 수시로 의대에 합격하거나 정시로 의대에 입학한 선배들을 보면 수능 공부와 내신 공부를 균형 있게 대비해왔다. 이를 <의대 합격 학습 루틴>이라고 명명하자.

의대 합격 학습 루틴

성공 사례의 루틴을 열거해보겠다.

첫째, 평일에는 내신 공부에 힘쓰고 주말이나 방학을 이용해 수능을 준비한다. 내신 공부와 수능 공부를 명확히 구분할 필요가 있다. 가장 쉬운 구분 방법이 주중 내신, 주말 수능 기법이다.

둘째, 내신 범위는 학교 수업과 복습으로 끝내고 평소에도 수능 중심으로 학습한다. 4주 정도 내신에 몰입하는 기간에만 수능 준비를 중지한다. 이 방법은 수능 준비에 좀 더 치중하는 기법이다. 1년에 4개월은 내신, 8개월은 수능 준비로 기간을 구분하는 방법이다. 중학생 때부터 습관을 들이면 좋다. 고등학생 가운데 수시보다 정시에 무게 중심을 둔 학생들이 선택하는 방법이다.

셋째, 매주 수능 모의고사를 풀어보고 채점하여 등급을 확인한다. 오답 정리는 기본이다. 부족한 부분이 발견되면 다시 학습한다. 수능 준비에 시간을 적게 들이고 큰 효과를 볼 수 있는 가성비 기법이다. 수학은 매주, 국어는 격주 정도로 실제 시간에 맞춰 모의고사를 실시하고 채점해서 오답을 정리하고 부족한 부분을 지속적으로 보완하는 방법이다. 어떻게 보면 가장 기본인데 이 기본을 잘 지키지 않는 학생이 많다. 진도만 휙 나가고 관리를 하지 않으면 좋은 성적을 장담하기 어렵다.

넷째, 고등학교 1학년이나 2학년부터 내신 학원과 수능 학원을 분리해서 다닌다. 내신 학원은 내신 기간에만 4~6주간 수강한다. 이 내신 기간을 제외하고는 수능 학원에 계속 다닌다. 내신 기간에는 수능 학원이 휴강하고, 내신 학원은 내신 기간에만 운영하는 것이 요즘 강남에서 유행하는 학원 수강 패턴이다. 대부분 내신 학원만 존재하는 곳에서는 따라 하기 어려운 요소라고 볼 수 있다. 내신 학원들은 수익성이 떨어지는 것을 우려해 내신 기간과 평소 기간을 구분하지 않거나 내신 기간에만 수강하는 것을 허용하지 않는 곳도 많다.

다섯째, 중학교 때 월·수·금요일에 수학 학원을 다니면 화·목요일에는 수학 복습과 오답 정리를 한다. 당연히 의대 합격에서 수학이 가장 중요한 과목이기 때문에 월요일에 공부한 내용을 완전히 복습하고 유형 정리까지 마무리하고 수요일에 새로운 수업을 듣는 루틴을 만들어야 한다. '수업 → 복습 → 숙제 → 이전 과정 오답 정리' 루틴이 있는 학생과 없는 학생의 수능 결과 차이는 매우 크다. 그런데 월요일 수학 학원을 10시에 마치고 11시에 귀가해서 학교 숙제하고 화요일에 영어 학원에 가서 수업 듣다가 10시에 마치고 귀가하면 수요일 수학 수업을 들을 준비가 안 된 상태로 허겁지겁 수학 학원에 뛰어가게 된다. 화요일에 영어 학원에 가지 않고 수학을 완전히 정리하고 수요일에 수학 수업을 듣는 학생과 화요일에 영어 학원에 가고 수학 정리도 안 된 상태에서 허겁지겁 수요일에 수학 수업을 듣는 학생의 수학 완성도는 시간이 지날수록 격차가 벌어질 수밖에 없다. 학종으로 공대에 갈 학생들은 수능최저기준에 대한 불안감이 없으니 상관없지만 수능 수학을 반드시 1등급 받아야 하는 의대 준비생에게는 '수업 → 복습 → 숙제 → 이전 과정 오답 정리' 루틴이 중학교 때 반드시 습관으로 만들어야 하는 지상과제이다. 영어는 주말에 수능 영어만 해도 된다. 다시 강조하지만 영어 잘하는 재수생이 될지, 영어 좀 못하는 의대생이 될지 결단을 내려야 한다. 둘 다 잘하기는 어렵다.

여섯째, 공부한 것은 반드시 수능 기출문제나 모의고사로 확인한다. 중학교 2학년 학생이 대수를 공부했다면 반드시 고2 모의고사로 현재 등급을 확인해야 한다. 기본 정석을 1회독했다면 4~5등급이 나올 것이다. 그러면 유형서(수엘, RPM, 쎈 등)를 2회독으로 선택해서 공부하고 다시 고2 모의고사로 확인해서 3~4등급을 받아야 한다. 이렇게 자신이 공부를 하면 성적이 어떻게 변화하는지 눈으로 확인해야 한다. 학원은 진도만 나가지 공식적인 시험으로 확인하려 하지 않는다. 학원이 안 해주면 직접 온라인에서 다운받아 시간을 재면서 시험을 보고 채점해서 등급을 확인하면 된다.

적어도 수능최저기준을 관리하지 않으면 한 번에 의대에 합격하지 못한다. 수능과 내신을 병행하여 관리하는 구조여야만 의대에 합격할 수 있다. 필자가 재차 강조하는 내용의 핵심은, 학생에게 수능최저기준을 튼튼이 알려줘야 한다는 점이다. 지원하고자 하는 학교의 모집 인원과 수능최저기준을 엑셀 표로 정리해서 책상이나 머리맡에 붙여놓아야 한다. 내신만 공부해서는 안 된다는 점을 끊임없이 생각하도록 자극해야만 한다. 서울권 의대가 목표라면 책상 위에 다음 표도 붙어 있어야 한다. 곳곳에 붙여놓고 숫자를 자꾸 눈으로 봐야 한다.

• 2026 서울 지역 의대 주요 전형별 모집 인원과 주의사항

대학	교과 (학추)	학종 일반	논술	일반 정시
서울대	39(3합7) 일반고 1등만 지원	50(X) 일반고 30%	0	39
연세대	15(2개1)	45(2개1)	0	47
가톨릭대	10(4합5) 커트라인 올 1등급	25(3합4) 학교당 1명 추천	19(3합4)	37
성균관대	10(3합4)	50(X)	10(3합4)	50
울산대	0	36(3합4)	0	12
고려대	18(4합5)	28(4합5) 자사일반 15(X) 특목자사	0	39
경희대	15(3합4)	25(3합4)	15(3합4)	55
한양대	0	40(3합4)	8(3합4)	44
중앙대	0	11(X) 내신 위주 15(X) 활동 위주	18(4합5)	42
이화여대	0	9(4합5) 서류형 9(X) 면접형	5(4합5)	53

전국 고등학교의 구조

우리나라 고등학교는 2,000개가 훨씬 넘는다. 이 숫자에는 특성화고와 마이스터고가 포함되어 있다. 물론 특성화고나 마이스터고는 수능에 많은 힘을 쏟지 않고 취업을 목적으로 하는 학교이다. 구체적으로 의대 입시를 준비하는 고등학교의 숫자를 확인해보자. 가장 많은 유형은 역시 일반고이다. 전국에 1,700여 개가 있다. 다음으로 특목고 유형으로 분류되는 영재학교가 8개, 과학고가 20개이다. 외국어고 30개와 국제고 8개도 있지만 의대 준비에서는 빠진다. 예술고와 체육고도 있지만 의대가 목표는 아니다. 또 자사고가 33개(전국 단위 10개, 광역 단위 23개) 있다.

이렇게 계산하면 의대를 준비하는 고등학교는 2,000곳이 조금 안 된다. 이 많은 고등학교에서 각자 의대를 목표로 치열하게 경쟁하고 있다. 저출생이 문제라고는 하지만 아직까지 국내 고등학교를 기준으로 1학년과 2학년 학생은 생각보다 인원이 많다. 1학년이 44만 5,000명, 2학년은 46만 명 정도이다. 이에 반해 3학년은 41만 명으로 조금 적다. 결국 의대 모집 인원이 늘었지만 고등학교 1~2학년 학생 수도 늘었기에 경쟁은 여전히 치열할 수밖에 없다.

• 2024년 전국 고등학교 학년별 인원

구분	2024년	1등급(4%)	2등급(11%)	3등급(23%)
고1	445,683	17,827	31,198	49,025
고2	460,055	18,402	32,204	50,606
고3	411,751	16,470	28,823	45,293

수능 1등급이 4%라고 할 때 고등학교 3학년은 1만 6,470명, 고등학교 2학년은 1만 8,400명, 고등학교 1학년이 1만 7,800명 정도이다. 그리고 3합5 정도인 수능최저기준을 맞출 수 있는 마지노선을 2등급이라고 보면, 2등급 인원이 고등학교 1학년은 3만 1,000명, 고등학교 2학년은 3만 2,000명 정도이다. 인원이 적은 고등학교 3학년은 상대적으로 2만 8,000명 정도밖에 안 된다. 이 구조가 학생 수로 본 경쟁이다. 결론적으로 약 41만 명과 46만 명 사이라고 볼 수 있다. 의대 모집 인원이 5,000명으로 늘었다고 보면 1%를 약간 넘는 인원이 의대를 가게 된다. 치대, 약대, 한의대, 수의대까지 합하면 약 2%가 의약계열에 간다. 학교별로 보면 서울대 학생 수가 4,000명이니 3%까지는 서울대에 합격하게 된다. 연·고대, 카이스트 등으로 대학 범주를 넓히면 꽤 많은 입시생이 최상위권 대학에 입학하는 것이다.

• 2024년 전국 초·중·고 인원

구분	1학년	2학년	3학년	4학년	5학년	6학년
초			431,222	424,081	424,454	470,779
중	458,081	455,657	427,320			
고	445,683	460,055	411,751			

초등학교까지 내려가면 2024년 기준 3학년은 43만 명, 4학년은 42만 명, 5학년은 42만 명, 6학년은 47만 명이다. 중학교는 1학년과 2학년이 45만 명, 3학년이 42만 명이다. 고등학교까지 포함하면 대략 평균 40만~45만 명이라고 볼 수 있다. 여기에 재수생 10만~12만 명이 더해진다.

물론 모든 인원이 대학을 준비하지는 않는다. 고등학교 1학년 44만 명을 예로 들면 특성화고나 마이스터고 학생, 손흥민 선수처럼 스포츠 계열이나 아이돌 준비 학생, 본인만의 특기를 찾아 다양한 길로 나아가는 학생들을 제외하면 약 30만 명이다. 여기에 재수생 10만 명이 더해진다.

다시 말해 수시 준비 학생이 내신을 계산할 때는 30만 명 중에 내가 몇 등급이냐를 가늠하는 것이고, 정시 준비 학생들은 재수생까지 포함되기에 같은 해에 태어난 인원과 거의 비슷한 인원과 경쟁하는 구도가 된다. 이렇게 40만 명이 의대를 노리며 그중 1% 조금 넘는 학생이 의대에 간다. 여기에서 지역별 추이를 따져보면 어느 지역은 의대 합격률이 1%도 안 될 수 있으며, 어떤 지역은 2~3%가 넘을 수도 있다. 이런 부분은 인위적으로 나누어놓은 지역인재의 배분이라고 생각하면 될 듯하다.

 **의대 입시는 수능이 지배자**

- 수시 = 지역인재전형 = 의대 가는 고속도로 = 내신 + 수능최저기준
- 정시 = 수능 총점

수시에서는 거의 대부분이 지역인재전형이며, 일부 서울이나 수도권 학생들이 학종으로 대학에 간다. 따라서 지역인재전형은 의대로 가는 고속도로라고도 볼 수 있다. 전국에서도 학구열이 높은 서울 강남 지역의 부모들조차 이런 상황을 인지하고 어느 지역으로 이사를 해야 할까 고민한다.

전체 의대 모집 인원이 5,000명인데 현재 대전, 충청 지역 모집 인원만 1,000명이 넘는다. 전국에서 뽑는 의대 인원의 20%가 넘는 것이다. 수도권 의대 모집 인원보다 지역인재전형으로만 모집하는 인원이 더 많다. 대전, 충청 지역의 고등학교를 다 합해도 190여 개밖에 되지 않는다. 초등학교 부모조차도 경북 영양이나 봉화까지는 못 가겠지만 대전은 도시이고 서울과도 가까우니 이사를 한 번 정도는 고민하게 된다. 충청 지역의 수능최저기준도 그다지 높지 않아서 굉장히 관심이 집중되는 지역으로 떠올랐다.

정시는 수능 총점으로 합격 여부가 판가름 나기 때문에 어쨌든 의대를 지배하는 요소, 즉 의대 합격 3가지 요소 중에서 수능이 압도적 지배자 역할을 하는 건 자명하다.

의대 합격의 3요소

❶ 의대가 가장 신뢰하는 지표, 수능

일단 정시에서는 거의 수능으로만 뽑는다. 내신이 일부 들어간다고 치더라도 결정적이지는 않은 정도이다. 2028학년도부터는 정시에 내신이 반영된다고 하더라도 영향력은 더 떨어질 수밖에 없다. 정시로 의대에 지원하려면 수능은 거의 1등급 수준일 텐데 그런 학생 중에 10%가 1등급 받는 내신에서 과연 감점당할 요소가 있을까? 사실 이 대목에서 '자사고 내신 2등급이면 의대 입시에서 불리한 것은 아닌가?' 하는 의구심이 들 수 있다. 그러나 수시에서 수능최저기준의 역할은 너무나 크다.

필자가 정의한 의대 합격 3요소는 '수능', '내신', '고교 브랜드'이다. '수능'은 의대 합격의 '충분 조건'이다. 충분 조건이라는 건 말 그대로 수능이 좋으면 그대로 의대 합격이란 의미이다. 대학에서 볼 때 한 줄 세우기 도구로 이만한 것이 없다. 특히 의대는 여기에 완벽하게 해당한다. 의대 정원은

5,000명인데 전국에 있는 고등학교 전교 1등만 따져도 2,000명이다. 또 전교 2등만 4,000명이고, 전교 3등까지 하면 6,000명이다. A고등학교와 B고등학교의 1등을 비교하기가 어렵다. 그나마 1등끼리 비교하는 것은 쉬운 문제이다.

상산고 10등과 지방 일반고 1등을 비교하는 문제는 아주 까다로운 난제이다. 반면에 수능 등급과 총점을 기반으로 줄을 세우는 것은 식은 죽 먹기인 셈이다. 그래서 대학들은 의대에서만큼은 수시에서 수능최저기준을 유독 남용하고 있다. 공대 입시와 달리 의대 입시에서는 수능이 더 특별한 의미를 갖는다. 이는 마치 촘촘한 줄자에 해당한다고 할 수 있다. 띄엄띄엄한 자라고 할 수 있는 학종은 대학이 볼 때 애매하기만 하다. 결국 의대가 가장 신뢰하는 지표는 수능일 수밖에 없다.

수능 = 충분 조건

- 줄 세우기에 가장 효과적인 도구
- 의대가 가장 신뢰하는 지표
- 국어, 수학, 영어, 탐구로 구성

수능의 교과영역(과목이 아님) 구성은 국어, 수학, 영어, 탐구 이렇게 4개 영역이다. 4개 영역으로 구성되었다는 건 준비하기가 까다롭지 않다는 말이다. 그런 반면에 내신을 준비하려면 국어, 수학, 영어, 탐구에 제2외국어, 교양, 예체능 등 수능에 비해 더 많은 교과영역과 함께 교장 선생님 눈치까지 더 많은 부분을 신경 써야 한다. 수학 영역을 예로 들면 수능 과목은 수학1, 수학2, 미적분(중3부터는 대수, 미적분1, 확률과 통계)으로 3개 과목이지만 내신에서 수학 영역은 수학 상(중3은 통합수학1), 수학 하(중3은 통합수학2), 수학1(중3은 대수), 수학2(중3은 미적분1), 확률과 통계, 미적분(중3은 미적분2), 기하이다. 고등학교 3학년 때 추가로 인공지능수학, 수학과제탐구, 수학 세미나, 고급 수학, 심지어는 미적분학, 선형대수까지 많은 과목을 이수해야 한다.

거기에 비해 수능은 범위가 굉장히 좁아서 특히 의대에 많이 가는 서울 강남지구의 학생들은 내신보다는 차라리 수능 준비를 선택한다. 수능에 올인하는 학생(정시 파이터)들이 공부를 시작할 때 행복한 얼굴을 하는 이유가 바로 여기에 있다. 어떤 학생은 실제로 "선생님, 저 수능 준비를 6개월 정도 하다 보니 고등학생의 삶이 이렇게 행복한 건지 처음 알았어요."라고 웃으며 말하기도 했다.

의대 합격의 3요소

❷ 수시의 필요 조건, 내신

내신은 수시에 주로 쓰이는 필요 조건이며, 수능은 수시와 정시에 다 쓰이는 충분 조건이다. 그런데 필요 조건인 내신은 9등급제하에서 학교별로 구분하기가 모호하다. 예를 들면 일반고에서 1등급을 받은 학생과 자사고에서 1등급을 받은 학생을 어떻게 비교할까? 객관적 근거는 무엇일까? 누구한테 물어봐도 자사고 1등급이 높다고 대답 하겠지만 구체적으로 반박할 근거가 없다. 왠지 그래 보일 뿐이다. 그렇다고 대학이 이런 이유를 들며 학생을 뽑을 수도 없다. 그렇게 뽑았다가는 불공정 시비에 난리가 날 것이다. 정말 애매한 경우이다.

이전에 고교학점제를 시행하려고 문재인 전 대통령이 공약한 게 있다. 본래 고교학점제를 시행하려면 어떤 조건이 바탕이 되어야 한다. 특목고와 자사고를 다 없애야 한다는 것이다. 영재학교를 빼고는 모든 고등학교를 일반고로 전환해야 한다. 이 상황에 민사고가 일반고 대안학교로 전환하겠다고 했다. 그러면 학교 이름을 불문하고 일반고의 1등급이 서로 비슷하다고 말할 수 있는 것이다. 그것도 1등급을 10%로 늘려놨으니 그냥 상위권 정도라고 인식할 수준으로 일관성이 생기는 셈이다. 그런데 현재 상황은 오히려 일부 국회의원의 공약이 특목고를 늘리겠다는 것이다.

 **9등급제 내신**	 **5등급제 내신**
• 학교 간 구분 모호성	• 2등급 OUT!
• 자사고 1등급 vs 일반고 1등급	• 1등급이 흔해짐
• 자사고 2등급 vs 일반고 1등급	• 1과목 1등급 3만 명

여기에 더 애매한 부분이 있다. 가령 자사고 2등급과 일반고 1등급 중에서 누가 더 성적이 높다고 봐야 할까? 그나마 1등급끼리 비교하면 비슷하지 않냐며 우길 수 있지만, 이는 2등급과 1등급을 비교하는 것이다. 대부분 대학은 9등급제하에서 자사고 2등급이 높다고 생각했다. 퍼센트로 보면 1등급이 4%, 2등급이 11%이니 말이다.

그런데 5등급제가 시행되면 자사고 2등급은 11~34%이다. 일반고 1등급은 1~10%이다. 자사고 34% 학생과 일반고 1% 학생을 비교하는 상황도 생기게 된다. 이 상황에서 과연 누가 확실하게 어느 수준까지는 자사고가 높고, 어느 부분까지는 일반고가 높다고 명확하게 구분할 수 있을까? 더 애매해진다. 필자는 적어도 의대 입시에서는 어느 고등학교에서든 2등급을 받는 순간, 수시로 의대에 가는 건 힘들다고 확신한다. 이건 너무나 자명한 사실이다. 서울공대에서는 자사고 2등급을 뽑을 수도 있다. 하지만 의대는 아무리 자사고라도 30% 수준이면 합격권에서 너무 멀다.

현재 고등학교 1, 2학년 가운데 1학년 내신이나 2학년 내신이 일반고에서 1등급대(주요 과목 평균 1.0~1.9)가 아니거나 자사고에서 수학이나 과학이 2등급, 3등급이라면 수시로 의대에 가는 건 힘들다. 그리고 지금 중학생이라면 어느 고등학교를 가든 2등급을 받는 순간, 특히 수학과 과학에서 2등급을 받는 순간 수시로 의대에 합격하기는 어렵다고 봐야 한다. 현재 중학생이 고등학교에 입학해서 수학이 2등급인데 세특을 잘 받아서 학종으로 의대에 합격한다는 것은 말 그대로 '소설'이다. 의대 수시 합격 가능성 여부는 사실 고등학교 1학년 5월이면 판명 난다. 그때 1학기 중간고사 성적표가 나오는데, 이것만 확인하면 의대 수시 합격 가능성을 알 수 있다. 10%가 1등급인데 수학이 2등급이면 더 말할 것이 없다.

내신에 유리한 고등학교 선택 방법

중학생에게는 아직 성적표가 없으므로 비교해서 얻을 수 있는 데이터가 필요하다. 그건 바로 자신의 중학교 성적이다. 중학교 한 반에서 1등급은 30명 중 3%이다. 예를 들어 학생이 충남 아산시에 사는데 한 학급에서 1등을 했다면 그 학생은 아산 지역 일반고를 가면 적어도 상위 5%는 유지할 수 있으니 1등급이 될 것이라고 확신할 수 있다. 아산에 갑자기 강남 학생이 몰려들지 않으면 그 지역 중학생이 그대로 아산 지역 일반고의 구성원이 되기 때문이다.

그런데 중학교 반에서 3등이라면 10%이다. 이때 아산 일반고에 진학하더라도 겨우 1등급이 되거나 아까운 2등급이 될 수도 있다. 만약 자사고인 천안 북일고에 진학하면 1등급 유지는 매우 어려운 과제가 될 것이다. 전국 단위 자사고인 천안 북일고에는 중학교 반에서 1등 하는 학생이 일반고에 비해 더 많이 지원하고 합격할 것이다. 게다가 대전, 천안 등 아산 이외 지역에 사는 중학생도 지원하고 그중에서 반 1등의 비중은 일반고보다 높을 것이다. 심지어 충청이 아닌 다른 지역에서 지원할 수도 있다.

그런데 아산의 중학교 반에서 3등인 학생이 "저는 의대가 목표이니 천안 북일고에 가고 싶어요."라고 한다면 필자는 무조건 말린다. "저는 수영을 하나도 못하는데 수영장에 들어가고 싶어요."라고 말하는 아이의 질문에 수영 금지를 선언해야 하는 것과 같은 이치이다. 아산 소재 중학교 반에서 3등은 10%이니 그 동네 일반고를 가서도 1등급을 겨우 유지하느냐 마느냐 하는 경계에 있는데, 천안 북일고를 가서 1등급을 받고 의대에 가겠다고 결심하는 순간, 2등급이라도 나오면 다행이지만 어쩌면 3등급이 나올 수도 있다. 더군다나 상산고, 심지어 외대부고에 간다는 건 말이 안 된다. 왜 말이 안 될까? 아산에 사는 학생에게 외대부고는 의대 가는 데 최악인 학교이다. 지역인재가 안 되기 때문이다. 그나마 아산에 있으면 충청도 지역인재에 해당한다. 북일고는 충청도라서 지역인재에 속한다. 또 상산고도 지역인재가 되기는 하지만 그곳에 가면 3등급이 되고 만다. 결국은 가면 안 된다는 이야기이다. 그리고 전북보다 충청에 지역인재가 더 많다. 그래서 더욱 가면 안 된다. 한 학생의 미래를 생각한다면 이런 부분은 확실히 짚고 넘어가야 한다.

이 밖에도 반에서 5등인 중학생이라면 지역 일반고에 가도 그 상태로는 1등급을 받기 어렵다. 그러면 적어도 '내가 지금처럼 공부해서는 의대는 꿈도 못 꾸는 거네? 더 열심히 공부해서 새로운 루틴을 만들어야겠다.'고 강하게 다짐해야 의대를 노려볼 수 있다. 중학교 내신은 이렇게 고등학교 내신을 가늠해보는 간접 평가 소재이다.

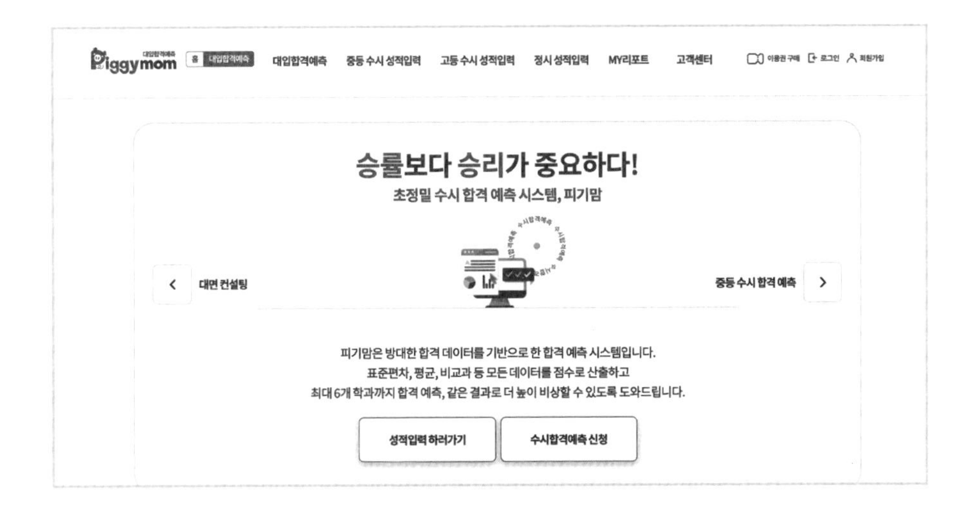

중학생들이 현재 자신의 성적으로 합격할 수 있는 대학은 어느 수준인지 확인해보기 편하도록 피기맘 홈페이지(www.piggymom.com)에 '중학생을 위한 수시 합격 예측 서비스'를 오픈했다. 중학생이 자신의 성적을 입력하면 고등학교 3학년처럼 본인이 수시로 어느 대학에 갈 수 있는지 예측해주

는 서비스이다. 홈페이지를 활용해서 적극적으로 가늠해보자. 당연히 무료 서비스이고, 매 학기 성적이 나오면 계속해볼 수 있다. 2학년 1학기 내신으로 해보고, 2학기 성적이 올랐으면 다시 해볼 수 있다.

중학교 때부터 피기맘 합격 예측 서비스를 활용하면 고등학교 진학 후에도 지속적으로 활용하기 쉽다. 수시든 정시든 자신이 의대에 합격할 수준인지 체크하고 시기별로 학습 전략을 수립하는 데 유용하게 사용하면 된다. 아울러 피기맘 홈페이지에 독자들의 질의응답 게시판도 운영할 예정이다. 의대에 합격하는 데 필요한 정보를 얻고 실력을 키워가는 기반으로 활용해보자. 홈페이지에 질문을 올리면 매주 월요일 7시 유튜브 피기맘의 '입시수다방'에서 필자의 친절한 해설을 들을 수도 있다.

성적표가 나오지 않는 중학생이 전교 성적은 부정확하더라도 대부분 반에서 자신이 어느 정도 수준인지는 어렴풋하게 파악하고 있다. 그렇게 알고 있는 반 성적을 기준으로 살펴보면 된다. 먼저 중학교 반 성적을 백분위로 환산한다. 30명 중 1등이면 3%, 2등이면 6%이다. 이렇게 반에서 1등이나 2등은 확실히 지역 일반고에 가면 1등급에 들 가능성이 높다. 어차피 지역 일반고에는 근처 몇몇 중학교에서 진학하기 때문이다. 10%면 1등급이 되는 것이다. 그래서 '현재 상태를 유지해도 1등급이 되겠구나.'라고 판단할 수 있다. 그렇게 계산해본 뒤 2차로 피기맘 홈페이지에 회원 가입하고 수시 합격 예측 서비스에서 본인이 어느 정도인지를 짐작해보면 된다.

그런데 만약에 현재 내신 성적으로는 수시 전형으로 의대에 가기가 어려울 것 같다는 판단이 서면 어떻게 해야 할까? 두말할 것 없이 공부를 더 많이 해야 한다. 현재 상태로는 갈 수 없으니 당연히 더 많이 공부하고, 더 잘해야 한다. 공부하는 시간도 늘리고, 유형 학습도 더 하고, 학교 내신 대비를 위해 밤새워 벼락치기도 해보고 말이다. 중학교에서 적어도 반 1등을 꼭 해봐야 한다. 그래야 의대 간다는 소리를 할 자격이 생기는 셈이다. 특히 중학교 3학년은 수능 유형 학습까지 해야 한다.

전략적인 내신 설계법

먼저 의대에 합격한 선배들처럼 공부하는 시간을 절대적으로 늘려야 한다. 고등학교 2~3학년 때 자기주도학습으로 공부해야 하는 시간을 필자는 5~6시간이라고 제시한다. 역으로 환산하면 중학교 3학년이면 적어도 3시간은 매일 공부해야 하고, 중학교 2학년도 3시간 가까이 공부해야 한다는 계산이 나온다. 학원에서 공부하는 시간, 학교 수업 시간, 인강 듣는 시간 등 모두 빼고 순수하게 자기 혼자 공부하는 시간이 3시간이 되도록 습관을 만들어야 한다. 이 정도 공부하는 학생이 중학교 반 1등을 하고, 일반고에 진학해서 내신 1등급을 받는다. 당연히 고등학교 3학년 때 수능 최저기준도 문제없이 맞추게 된다.

혹시 자사고에 가려면 적어도 수학, 과학 내신이 1등급이어야 하고, 국어, 영어는 2등급까지는 괜찮다. 중학교 때부터 순수하게 혼자 공부하는 시간이 하루 평균 3시간 정도가 되어야 그려볼 수 있는 미래이다. 고등학교 2~3학년 때는 수능 과목으로만 5~6시간 공부하는 루틴을 만들어야 한다. 그래야 적어도 수능에서 안전하게 1등급을 받을 수 있다. 그 기준에 맞춰봤을 때 본인이 얼마나 부족한지 파악해야 한다. 이것이 『의대 합격 따라 하기』에서 제시하는 기본적인 두 가지 가이드라인이라고 보면 된다.

중학교 2학년이 내신 1등을 해야 의대 수시의 필요 조건을 충족한 것이다. 그런데 이것만으로는 안 된다. 이전에도 말했지만 당연히 수능이 필요하다. 수능을 충족하려면 기하를 3시간 공부한 건 빼야 한다. 중학생에게 기하는 수능 과목이 아니다. 또 본인이 영어를 10시간 공부했다고 해도 이것 역시 빼야 한다. 수능에서 영어는 그렇게까지 공부하지 않아도 된다. 천안 북일고 2학년 학생이 물리2를 10시간 공부했다고 치자. 그래도 수능에서 안 볼 거라면 공부 시간에서 빼야 한다. 수능에서 볼 과목만 계산해야 한다. 그게 두 가지 척도이다. 그래서 수능은 수시에도 쓰이고 정시에도 쓰이는 충분 조건이다. 왜냐하면 수능만 잘 보면 수시 신경 쓰지 않고 정시로 의대에 가면 되기 때문이다.

최근에는 정시에도 지역인재가 많이 생겼다. 그렇지만 내신은 수시에만 쓰이는 필요 조건이다. 내신만 1등 했다고 의대가 뽑아주지 않는다. 수능최저기준이 있기 때문이다. 그런 측면에서 중학교 내신 성적과 고등학교 1~2학년 내신 등급은 수시 전형으로 의대에 갈 수 있는지를 확인하는 필요 조건에 해당한다. 수시에서 수능최저기준, 적어도 3합4를 안정적으로 맞추느냐를 확인해보는 수능 등급, 그리고 정시로 가면 총점, 이 두 가지 요소로 영향을 미치는 수능이 충분 조건이다. 개념을 알기 쉽게 표로 그려봤다.

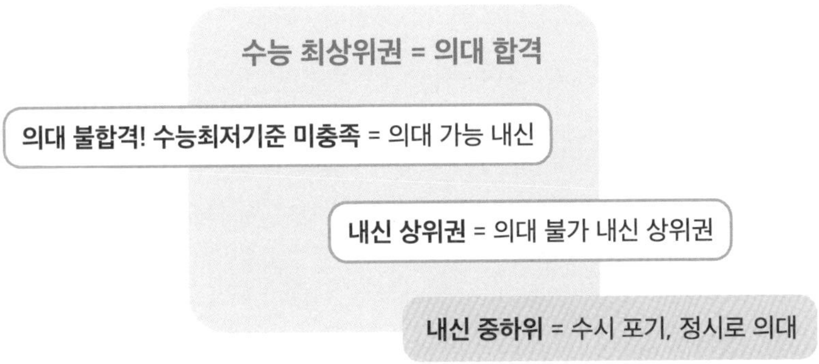

수능 최상위권 = 의대 합격

의대 불합격! 수능최저기준 미충족 = 의대 가능 내신

내신 상위권 = 의대 불가 내신 상위권

내신 중하위 = 수시 포기, 정시로 의대

수능 최상위권은 정시로 의대에 합격할 수 있다. 내신 최상위권은 수시의 필요 조건은 갖춘 셈이다. 수능최저기준을 맞춰서 수시로 의대에 갈 수 있다. 그런데 여기 맨 위가 최상위권이다. 그다음 내신 상위권은 내신 최상위권 바로 아래에 있다. 박스의 면적이 중요한데, 내신 최상위권 중에서 절반은 수능최저기준을 못 맞추기 때문에 의대를 못 간다. 수능 최상위권과 겹친 반 정도만 의대에 갈 수 있는 것이다.

내신 상위권 중에서는 정시로만 의대에 갈 수 있다. 일반고에서 내신이 2.1등급이라면 일찌감치 수능을 준비해야 한다. 수시로 수능최저기준이 아주 높은 곳에 한번 도전해보고 아예 정시로 의대를 노리는 것이 합리적이다. 내신 중하위권이 의대에 가는 유일한 방법은 내신을 포기하고 수능에 전념하는 것이다. 고등학교 2~3학년 2년 동안을 재수생처럼 수능 공부에 매진해야 한다. 하루에 6시간씩 수능 공부에 매진하면 정시로 의대에 합격할 수 있다. 서울 강남 지역 의대 합격생 대다수가 여기에 속한다고 볼 수 있다.

휘문고에서 내신 3~4등급 받은 학생이 2학년부터 수능을 공부하면서 너무나 행복감을 느낀다고 했다. 별별 과목을 다 공부하다가 "어? 선생님, 겨우 이것만 공부하면 돼요?"라고 하면서 행복해한다. 그렇게 2년간 수능 유형 학습하고 수능 기출과 예상 문제만 가지고 씨름하고, 재수생처럼 하루에 6시간씩 공부해서 의대에 가면 된다. 이게 내신 성적 순위에 따른 의대 합격 방법이다. 필자가 수능을 충분 조건이라고 한 이유는 수능 성적이 의대 갈 정도만 되면 수시가 됐든 뭐가 됐든 고민할 이유가 없기 때문이다.

그런데 여기에서 이런 질문이 나올 것이다. "그러면 자퇴하고 검정고시를 본 다음에 수능 공부만 하면 되지 않나요?" 이 질문에는 "아니요."라고 대답할 것이다. 이유는 자퇴하고 나면 너무 많이 남는 시간을 관리하기 힘들기 때문이다. 재수종합반을 보낸다는 학부모도 있지만 자퇴하면 좋은 재수종합반에 들어갈 수 없다. 전년도 수능 성적이 있어야 하기 때문이다. 그래서 실제로는 변두리 재수종합반을 가거나 독학재수학원 같은 곳에 가게 된다. 그러면 엄청나게 많은 시간을 학생이 혼자 관리하기가 힘들다.

일반 성인이 회사에 다니다가 정년퇴임을 하면 갑자기 확 늙는 경우가 있다. 매일 아침 7시에 일어나서 출근하던 사람이 습관처럼 7시에 눈을 떴는데 할 일이 없을 때 느껴지는 공허함. 이 기분이 사람을 더욱 지치고 늘어지게 한다. 그래서 자퇴하고 재수종합반에 들어가는 걸 절대로 반대한다. 정상적으로 학교에 다니면서 수업 시간에는 수업을 듣는 게 낫다.

고등학교 2학년이 되면 수학1은 내신 과목이면서 동시에 수능 과목이므로 100점을 노려서 공부해야 한다. 물리1은 수능 과목이 아니니 학교 수업 시간에 교양 강좌 듣듯이 편안하게 듣고 평소 실력으로 내신 시험을 보면 된다. 4~5등급이 나와도 크게 신경 쓰지 말자. 대신 지구과학1을 선택해서 수능을 볼 거라면 열심히 공부하고, 영어도 열심히 공부하자. 내신은 그렇게 치르고 1년에 서너 번 보는 모의고사를 확실히 준비해서 모의고사로 전교 1등을 노려야 한다. 내신이 아니라 모의고사에 의미를 두고 학교생활을 유지하는 것이 수능을 잘 보는 데 굉장히 도움이 된다는 점을 명심하자.

의대 합격의 3요소

❸ 고등학교 브랜드의 의미

학종의 꽃은 고교 브랜드이다. 대학은 블라인드를 하지 않는다. 어떤 학생이 어느 고등학교의 1등인지 알고 합격시킬 수 있다. 아예 모르고 뽑는 것과는 차원이 다르다. 학생의 고등학교 정보는 어떤 방식으로든 알게 되며, 알고 싶지 않아도 아는 경우가 대부분이다. 그 이유는 다양하다.

하나만 예를 들어보자. 서울대에 가장 많이 지원하는 학교는 서울과학고이다. 매년 평균 120명이 서울대에 지원하는데, 이 인원수는 크게 바뀌지도 않고 바뀐 적도 없다. 그렇게 서울과학고 학생들은 학교 이름이 학교 코드 번호로 바뀌어서 서울대에 전달된다. 서울대는 동일 코드로 지원한 인원수를 비교해보면 서울과학고인지 쉽게 파악할 수 있다. 서울대에 학종으로 100명 넘게 지원하는 학교가 또 있을까?

또 하나, '이곳은 명문 고등학교처럼 보이는데 문과만 서울대에 입학 원서를 냈네?' 이런 상황은 대부분 서울 소재 휘문고나 상산고이다. 이과 학생들은 의대에 가려고 원서를 내는 경우가 많지 않다. 어느 고등학교 출신인지 아는 것은 자연스럽고 당연하다. 결과로도 확인된다. 서울대 학종에는 블라인드 전이나 후나 '센' 고등학교 1등이 주로 합격한다. 서울과학고 3명, 전국 자사고 중 빅4 1등, 강남이나 다른 학군 지역 주요 고교 전교 1등은 예외 없이 합격한다. 그리고 일반고는 돌아가면서 합격한다. 결과만 보면 특목고, 자사고, 명문 일반고는 블라인드가 없고 일반고만 블라인드가 있는 것 같다.

연세대와 고려대에서 2024학년도 입시 결과를 발표했다. 그러자 연세대에 관한 질문이 올라왔다. "제가 만약 전공 관련한 과목을 선택하지 않았으면 불이익이 있나요?" 이 질문에 연세대 입학 관련 담당인 박정선 입학사정관 팀장은 "학교가 개설했는데도 선택하지 않았으면 불이익이 있고, 학교가 개설하지 않았으면 불이익이 없다."라고 답했다. 이 문답의 핵심은 이미 대학에서는 고등학교 교육과정을 분석해 전공 관련 과목이 어느 학교에 개설되어 있는지 알고 있다는 것이다. 마찬가지로 어느 고등학교가 물화생지 4개 과목을 전부 공부시킨다는 것과 그 학교 학생이 얼마나 지원했는지는 블라인드이지만 이미 알고 있다는 것이다. 고려대 또한 같은 상황이다. 각 고등학교의 교육과정을 면밀히 분석하고 비교해서 평가하고 있다는 것이 고려대의 대답이다. 이 학생이 휘문고인지 상산고, 외대부고, 서울과학고, 북일고, 영덕고, 포항제철고인지는 이미 답이 나와 있다.

고등학생의 성적도 여기에 관계된다. 포항제철고에서 1등급을 받은 학생이 의대에 지원했다고 가정해보자. 당연히 대학은 우수한 학생으로 생각하고 비교과는 보지 않는다. 그렇다고 수학이 3등급인 학생의 비교과를 보는 것도 아니며, 합격도 사실상 어렵다고 봐야 한다. 이미 비교과는 큰 의미가 없는 것이다. 일단 고등학교 브랜드와 함께 의대 갈 수준인 상위권 성적이 중요하다. 이것이 기본 점수로 포함된다. 결국은 내신 성적순인데 더 결정적인 건 수능최저기준을 맞췄느냐이다. 이 모든 것을 버무리면 자연스레 의대 입시의 가이드가 나온다. 위 내용에서 가장 영향력이 큰 것은 당연히 정시와 수시에 반영되는 수능이고, 그다음이 수시에 완벽하게 쓰이는 내신이다. 비교과는 큰 의미가 없다. 왜냐하면 이미 어느 고등학교인지가 우선시되고 그것으로 결정이 난 것이다.

그렇다면 중학생은 당연히 '우수한 고등학교에 가는 것이 의미가 있지 않을까?'라는 의문이 들 것이다. 문제는 명문 고등학교에 가는 것이 의미가 있으려면 진학 후에 성적을 잘 받아야 한다는 점이다. 아무리 포항제철고, 외대부고에 진학해도 성적이 최상위권이 아니라면 아무 의미가 없다. 결국 고등학교 브랜드는 본인이 그곳에서 1등급을 받을 수 있는지를 확인하고 고민해야 할 문제이다. 진학 후 확실히 내신을 1등급 받을 수 있고, 수능 공부를 하는 데도 문제가 없다는 자신감이 있을 때 선택해야 한다. 수능 준비도 안 되어 있고 내신도 불안하다면 일반고에 진학해 1등급을 받고 내신을 관리하면서 주말이나 방학을 이용해서 수능 공부를 할 수 있는 구조를 만들어두는 게 좋다. 그리고 위 내용의 요소를 버무리면 의대 합격이라는 성과를 일구는 구조를 갖춘 셈이다.

학교 브랜드는 학종에만 의미가 있다. 교과전형에는 학교 브랜드를 쓰지 않고, 컴퓨터가 A학교와 B학교를 따로 구분하지도 않는다. 오로지 평균 등급을 나눠서 결정한다. 그래서 교과전형에서는 포항제철고와 상산고가 불리한 것이다.

이제 학종에서 학교 브랜드가 어떤 가치를 지니는지 살펴보자. 휘문고 1등급과 영동고 1등급 중 누가 더 높다고 볼까? 당연히 휘문고가 조금 더 나아 보인다. 왜 그럴까? 그동안 입시 결과가 좋았기 때문이다. 간단하게 과거 데이터가 반영되는 것이다. 그리고 대학들은 암암리에 고교별 수능 성적을 빅데이터로 갖고 있을 것이다. 예를 들어 서울대는 휘문고 학생 평균 수능 성적, 그러니까 휘문고에서 서울대에 합격한 학생의 평균 수능 성적을 갖고 있을 것이라는 말이다. 그래서 학교 선호도가 약간 있는 것이다.

전주에 있는 상산고와 기전여고 두 학교의 1등급 중 누가 더 높을까? 보통 상산고 1등급이 더 높다고 한다. 왜인지는 필자도 모른다. 상산고 1등급, 기전여고 1등급은 교과전형에서는 동점, 학종에서는 상산고가 높다. 다음으로 해운대고 2등급과 일반고인 센텀고 1등급 중에서는 누가 높다고 할 수 있을까? 애매하기는 하지만 학종에서는 해운대고 2등급이 더 높다고 한다. 그런데 교과전형에서는 센텀고 1등급이 더 높다. 해운대고 2등급은 학종에서 더 높고, 교과전형에서는 센텀고 1등급이 높다. 결국 부산의대를 지역인재전형으로 간다면 교과전형은 센텀고가 유리하고, 학종은 비슷하다는 결론이 나온다. 왜냐하면 센텀고 1등급 학생도 당연히 지원할 것이기 때문이다. 그래서 결국은 부산 지역에서 자신이 센텀고에 갈지 해운대고를 갈지 고민한다면 해운대고에 가서 확실히 1등급을 받을 수 없다면 센텀고에 가는 게 유리하다.

이번에는 경북 지역으로 가보자. 대구 경신고 2등급이 높을까, 포항이동고 1등급이 높을까? 이 역시 부산 상황과 비슷하다. 학종에서는 대구 경신고 2등급이 대우를 받지만, 교과전형에서는 포항이동고 1등급이 유리하다. 결국 교과전형이냐 학종이냐에 따라 달라진다.

그런데 지금 중학생부터 교과전형은 거의 없어진다고 봐야 한다. 모두 동일해지기 때문이다. "그러면 해운대고 2등급이라도 그게 좋은 거 아니에요?"라고 묻는 학생이 있을 것이다. 여기에서 오류가 생기면 안 된다. 지금까지 한 이야기는 9등급제에 해당한다. 그러니 해운대고 2등급, 경신고 2등급도 11% 안에 드는 것이다. 그런데 만약 1등급이 10%인 상태에서 해운대고 2등급이라고 하면 의대에 진학하기가 힘들어진다. 이는 대구 경신고도 마찬가지이다.

2028학년도부터는 어느 학교든, 특히 의대를 가고 싶다면 1등급을 놓치는 순간 수시는 없다고 생각해야 한다. 그래서 해운대고 2등급이 유리하다는 건 현재 고등학교 1~2학년까지에 해당하는 이야기이다. 지금 중학교 3학년부터는 무조건 1등급이 유리하다. 그런 측면에서 고교 브랜드가 활용된다는 걸 인지하자. 특히 지방에 있는 학생은 대부분 교과전형이 많으니 내신 올리기에 유리한 학교로 가서 주말과 방학 동안 수능을 공부하고, 모의고사로 수능 등급을 유지하는지 체크하는 게 의대 합격의 행동 비법이다. 이 부분을 꼭 명심하길 바란다.

결론은 '수능 없이 의대 없다.'이다. 의대는 사실상 학종이 의미가 없다. 1등급이 흔해진 상황에서는 더욱 그렇다. 그리고 학종은 학교 브랜드, 내신 최상위, 수능 등으로 확정된다. 1등을 했는데 수능최저기준을 못 맞추거나, 1등을 했는데 학교 브랜드가 낮아서 못 가거나. 그래서 앞으로 내신 1등급을 받는 것은 필요 조건이고, 수능최저기준을 맞추는 건 충분 조건인 셈이다. 그리고 본인이 1등급을 받았어도 서류 평가에서 학교 브랜드가 없어 보여서 뽑히지 않는다면 그건 운의 영역이니 어쩔 수 없다. 그렇다고 학교 브랜드가 명확한 곳에 가서 2등급을 받으면 아예 가능성조차 없어지게 된다. 일단 1등급을 받으면 여지라도 있지만 2등급을 받으면 가능성이 더 희박해지는 것이다. 그러니 일단 중학교 1~3학년 학생은 내신 1등급이 수시 진학을 위한 필요 조건, 수능은 충분 조건임을 명심하자. 그리고 현재 고등학교 1~2학년 학생은 이미 1등급이면 의대 합격 가능성이 굉장히 높으니, 수능최저기준을 맞추도록 계속해서 공부를 이어나가자.

고교별 의대 합격 현황(수시+정시, 재학+n수, 중복 포함)

- 빅1 → 휘문
- 빅2 → 상산
- 빅5 → 외대부/세화/경신
- 빅7 → 현대청운/해운대/포항제철
- 빅10 → 단대/강서/숙명여
- 30위권 → 중동/진선여/낙생/양정/선덕/보인/배재/중산/화성/세마/대륜/공주 한일/대구여/세화여/충남/순천매산/정화여/목동/경북/센텀/능인/잠실여/상문/신성/거창대성/덕문여/천안 북일/하나
- 50위권 → 인천포스코/김천/경기/영동/은광여/인천하늘/광주 문성/대전대성

4장

수능 준비 로드맵

(초·중·고)

학종이 의대 진학에 미치는 영향력은 생각보다 크지 않다. 이는 필자가 이미 여러 차례 강조한 내용이다. 의대 학종에서는 공대 학종에 비해 내신 비중이 너무나 크다. 가톨릭대 학종은 학교장추천인데 학교당 1명만 추천할 수 있다. 비교과고 뭐고 일단 1등이 아니면 지원 자격이 없다. 예선전을 통과할 수 없다는 이야기이다. 한양대도 학종에 학교장추천을 신설했다. 역시 교내 예선전을 통과하려면 내신 등수가 높아야 한다. 내신 1등 혹은 2등이 되어야 학종도 의미가 있는 것이다.

전교 15등이 학종을 잘 준비해서 서울대나 연·고대 공대, 그도 아니면 서·성·한 공대에 합격하는 경우는 있을 수 있지만, 일반고 전교 9등이 학종을 잘 준비한다고 해서 지방 의대라도 합격하기는 어렵다. 오히려 전교 9등이 수능최저기준이 높은 의대에 지원해서 수능최저기준을 맞추지 못한 경쟁자를 제치고 합격하는 경우가 더 많다. 일반고는 1~2등, 자사고는 학교 브랜드 가치에 따라 전교 10등까지 학종으로 의대에 합격하기도 한다. 일단 의대 학종은 공대 학종과 달리 '내신 최상위+수능최저기준'이 비교과나 다른 요소보다 중요하다.

예외적으로 지역인재가 많은 충청이나 학교 수에 비해 지역인재 모집 인원이 많은 전북 지역에서는 일반고도 전교 5등까지 수능최저기준을 맞추면 합격 가능성은 있다. 그러나 이때 학종보다는 오히려 수능최저기준이 높은 교과전형이 더 유리할 수 있다. 의대 입시를 준비하면서 예외 사례를 모델로 준비할 수는 없다. 일반고에서는 전교 1, 2등이 아니면 의대에 합격하기가 쉽지 않다. 조금 부족한 내신 성적을 학종 비교과로 만회해서 의대에 가겠다는 건 애초에 불가능하다는 말이다. 그래서 의대는 학종이 사실상 의미가 없다고 생각하는 것이 현명하다.

실제 비교과는 의대 입시에서 동점 처리에 쓰이는 정도이다. 가령 전교 1등끼리 경쟁할 때 어느 학교 학생이 더 우수한지 따질 때 학종이 쓰이는 것이다. 게다가 의대는 공대에 비해 학종에서 1단계 서류 통과 배수를 높이고 수능최저기준은 엄격하게 적용한다. 그러면 의대 학종의 당락은 전교 1~2등 중에서도 서류보다는 수능최저기준이 더 결정적 요소로 작용하게 된다. 그나마 서류도 학교 브랜드가 결정하는 경우가 많다. 결국 의대 수시 합격 요소는 첫째가 내신 최상위, 둘째가 수능 성적인 셈이다. 학종은 조금 내려놓자. 의대 준비에서 핵심은 수능 성적 1등급과 내신 최상위권(일반고 1~2등, 자사고 3~10등, 2028학년도 해당 중학생은 올 1등급) 달성이다.

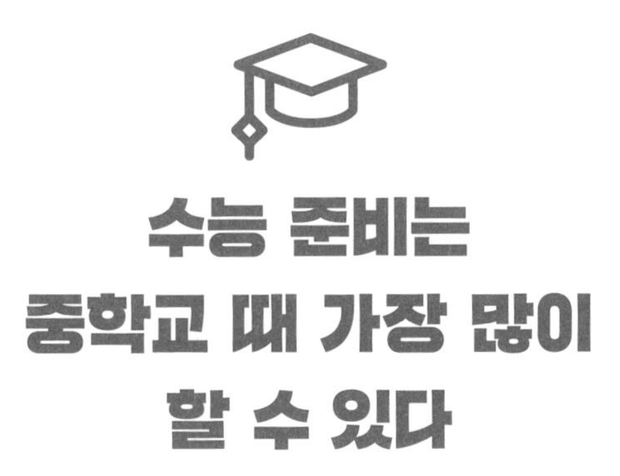

수능 준비는 중학교 때 가장 많이 할 수 있다

중학교 3학년부터 개편되는 교육과정에서는 수능에서 사회탐구, 과학탐구가 통합되어 탐구 과목의 구분이 없어졌다. 문과나 이과, 의대나 공대 등 어디로 진학을 희망하든지 상관없이 모든 학생이 고등학교 1학년 내신에 해당하는 통합사회와 통합과학을 수능에서 보게 된다. 통합사회 20문제 50점, 통합과학 20문제 50점이다. 이번 수능 개정에서 가장 큰 변화이다.

의대를 준비하는 학생은 새로 포함된 사회를 공부해야 하니 부담으로 작용할 것이다. 그러나 반대로 과학이 두 과목에서 한 과목으로 줄었기 때문에, 전체적으로 보면 현행 수능 시스템보다는 중학교 3학년부터 실시되는 개편된 수능 시스템이 조금 더 가볍다고 할 수 있다. 범위나 난이도 면에서 모두 약간 가벼워졌다.

수능에 어떤 과목이 있는지 알아야 하는 이유는 내신 과목과 수능 과목이 일치하기도 하지만 굉장히 큰 차이를 보이기도 하기 때문이다. 고등학교 1~2학년은 학교에서 내신 과목과 수능 과목의 차이나 대비 방법 등을 조금은 이해했을 것이다. 하지만 중학교 3학년은 '고등학교에 가서 배우는 과목으로 수능을 보겠지.'라고 생각할 수 있는데 실상은 전혀 그렇지 않다. 오히려 1학년 때 배운 사회, 과학을 3학년 때 수능으로 봐야 한다. 이는 굉장히 혼란스러울 수 있다.

2년 전에 배운 내용을 수능 시험으로 봐야 하는 것은 상당한 모순이다. 국어나 수학도 마찬가지이다. 국어, 수학 과목 중에서 수능 때 중점으로 보는 과목은 대부분 2학년 내신에 배치되어 있다. 화법과 언어, 문학, 독서와 작문 중에서 두세 과목을 고등학교 2학년 내신에서 배우는데, 실제 수능 시험은 3학년 때 본다. 결국 혼자 공부해서 3학년 때 수능을 봐야 하는 딜레마가 생긴다.

여기에는 수학도 포함된다. 대수, 미적분1은 고등학교 2학년 내신 주력 과목이다. 그런데 엉뚱하게 수능은 3학년 11월에 본다. 물론 현재 고등학교 1~2학년도 똑같다. 2학년 주력 내신인 독서, 문학을 3학년 때 학교에서는 배우지도 않은 채 1년간 혼자 공부해서 시험을 봐야 한다. 그리고 일부 자사고는 1학년 때 배우기도 하지만 보통은 2학년 때 배우는 수학1·2를 3학년 때는 전혀 공부하지 않다가 수능을 봐야 한다. 이때 학교에서 주로 하는 과목이 일반고에서는 미적분, 자사고에서는 심화수학이다. 그걸 공부하느라 수학1·2는 3학년 때 다루지 않는 것이다.

이런 수능 시스템을 보면 가슴이 답답하다. 마치 내일 아침에 먹을 음식을 잔뜩 준비해뒀는데, 정작 오늘 저녁은 굶어야 하는 상황과 비슷하다고 할 수 있다. 지금 내신에서는 열심히 심화수학도 배우고 심화국어나 고전 읽기, 물리2, 화학2를 공부하고 있는데, 19년 인생에서 가장 결정적이고 중요한 시험은 정작 지금 배우는 과목이 아닌 것이다. 작년 또는 재작년에 배운 내용을 수능에서 봐야 하는데, 이게 과연 합리적인지 의문 부호가 달린다.

안타깝지만 현재 고등학교 1~2학년은 내신을 공부하면서 별도로 수능도 공부해야 한다. 아직 기회가 있는 중학생들은 중학교를 졸업하기 전에 수능을 미리 끝내놓는 게 현명하다. 물론 내신과 수능을 둘 다 준비할 수 있으면 좋겠지만, 우선순위를 정해야 한다면 일단 수능부터 완벽하게 해두는 것이 핵심이다. 의대를 목표로 하는 학생이라면 말이다. "학교와 정부의 말만 잘 따르면 대학에 갈 수 있다."라는 것은 거짓말이다. 수능 공부는 안 시키면서 정시는 40%로 늘리고, 의대의 수능최저기준은 낮아질 줄 모르는 것이 현실이다. 중학생 때라도 수능을 준비해두지 않으면 의대 합격은 아예 기대할 수 없는 상황이다. 그렇다면 이제 초등학교부터 시작해 중학교, 고등학교 시기에는 각각 무엇을 준비해야 할지 알아보겠다.

수능 준비

❶ 초등학교

사고력 수학 + 교과 수학

초등학생에게는 '수학 문제 잘 풀기'가 핵심이다. 보통 초등학교 저학년 자녀를 둔 부모들은 수학을 지능이나 창의력을 계발하는 도구처럼 인지한다. 틀린 말은 아니지만 아무리 창의적이라도 오지선다 시험에서 정답을 고르지 못하면 의대에 갈 수 없다. 결과적으로 '수학 문제 잘 풀기'가 핵심이며, 좋은 점수가 나와야 한다.

수학 문제를 잘 풀려면 초등학교 고학년인 4~6학년 때 교과 선행을 시작하는 것이 좋다. 4학년은 5, 6학년 때 배울 내용을 선행하고, 5학년은 중학교 때 배우는 내용을 선행해야 한다. 6학년은 중학교 선행을 거의 끝내거나 중학교 2학년 수준까지는 끝내야 한다. 그리고 계산 능력이 굉장히 중요하다. 객관식, 오지선다, 선택형 시험에서는 과정이 아무리 훌륭해도 답이 틀리면 점수를 얻을 수 없다. 서술형 평가가 좋은 이유는 답이 틀려도 과정이 맞으면 부분 점수를 받을 수 있기 때문이다. 하지만 수능에는 선택형(오지선다)과 단답형(세 자리 숫자를 OMR에 기록하기)만 존재한다.

예를 들어 10점짜리 서술형 문제에서 답은 틀렸지만 계산 과정이 완벽하면 10점 만점에 9점까지도 받을 수 있다. 하지만 5개 지문 중에서 선택해야 하는 현행 수능 시스템에서는 풀이 과정을 언급할 수 없다. 무조건 ①②③④⑤ 가운데서 답을 골라야 한다. 수능 수학은 학문 또는 사고력을 키우려고 공부하는 것이라는 이상과 달리 정답을 찾아내야 하는 시험이다. 그래서 초등학교 때 충분히 계산 능력을 갖춰야 한다.

먼저 언급한 사고력 수학은 초등학교가 마지막 기회라고 생각하고 끝내는 게 좋다. 중학교 또는 고등학교에 입학해서 사고력 수학을 할 수는 없기 때문이다. 저학년 때는 '소마' 같은 학원을 이용해 사고력 수학을 해도 되고, '플레이팩토'같이 아이 스스로 교구를 사용해서 수학 공부를 하게 하는 것도 좋다. 어찌 되었든 초등학교 저학년 때 사고력 수학 위주로 공부해서 생각하는 힘을 키운 후 다양한 방법론을 연구할 필요가 있다.

초등학교 4, 5학년 때는 본격적으로 수능 준비를 위한 교과 수학을 시작해야 한다. 즉, 수능을 위한 진도를 나가야 한다. 대한민국 수능 수학은 미분과 적분을 잘하냐 못하냐를 판가름하는 시험이다. 중·고등학생이 다항식을 배우고 방정식을 배우는 건 함수를 배우기 위한 것이고, 함수를 알아야 미분과 적분으로 넘어갈 수 있다. 자녀가 의대에 가려는 학생이라면 학부모들은 이 점을 분명히 알고 있어야 한다.

기하나 도형이 매우 중요한 과목이기는 하지만 수능에서 많이 출제되지는 않는다. 저학년 때는 사고력 수학을 많이 하고, 고학년부터는 함수나 미적분의 바탕이 되는 공부에 주력해야 한다. 고학년부터 교과 수학의 핵심은 고등학교에 진학해서 배울 함수와 미적분을 위한 준비라고 생각하자. 그래서 학원에 다닐 때도 교육과정이나 교재를 선택할 때 함수나 미적분을 하기 위한 기초 과정이 잘되어 있는지를 봐야 한다. 초등학교 때 방정식의 기본이 되는 계산 능력을 키우는 것도, 중학교 때 선행 학습인 인수분해와 곱셈 공식을 하는 이유도 방정식을 배우기 위한 것이기 때문이다.

방정식은 특히 중요하다. 방정식이 토대가 돼서 함수로 연결되고, 함수 개념이나 함수 계산 능력, 함수 이해 능력이 미분, 적분을 해결하는 핵심 코드로 작용하게 된다. 이 점을 명심해서 함수와 미적분에 초점을 맞춘 공부를 하는 것이 초등 시기에 굉장히 중요하다. '저학년은 사고력, 고학년은 교과 수학'이 핵심이다.

수학 문제 잘 풀기

- 선행 + 계산 능력
- 저학년: 사고력 수학
- 고학년: 교과 수학 → 함수와 미분, 적분을 위한 준비

수능 준비

❷ 중학교

수능 과목의 선행

사실상 수능 성적을 결정하는 시기는 중학교 때이다. 이때 선행으로 고등학교 1학년 내신에 해당하는 통합수학1·2를 배우는데 주요하게 다루는 내용은 다항식, 방정식, 함수이다. 다항식을 이해해야 각각의 항이 무엇이고 어떻게 구성되는지 알 수 있으며, 차수가 높아지는 항들을 컨트롤할 줄 알아야 방정식을 배울 수 있다. 방정식을 푸는 능력을 갖춰서 방정식 그래프나 방정식 계산 원리를 이해해야 함수를 공부할 수 있다. 이 세 가지가 핵심이다. 중간에 직선의 방정식, 원의 방정식이 있기는 하지만 역시나 결론은 '방정식'과 '함수'이다.

도형을 그림으로 그리고 수식으로 표현하고 계산하는 것이 중요하다. 도형도 수식으로 나타낼 수 있고 계산할 수 있기 때문에 함수가 수학에서 중요한 위치를 차지하는 것이다. 실생활에서 가장 많이 활용되는 수학도 함수이다. 그래서 고등학교 수학 교육과정의 핵심이 함수, 미분, 적분이다. 수능에서도 함수, 미분, 적분이 가장 중요하다. 중학교에서 고등학교 1학년 과정을 선행할 때는 대수와 미적분1을 배우기 위한 통과의례라고 생각하면 된다. 우리 목표는 의대 합격이지 수학자가 아니다.

중학생의 고1 과정 심화학습이 수능 공부에 도움이 되지 않는 이유

① 수능에는 고등학교 1학년 과정(통합수학1·2)이 안 나온다.

② 고등학교 1학년 과정은 준비운동이고 2학년 과정은 본경기라고 할 수 있다. 준비운동을 너무 많이 하면 본경기에서 실력을 발휘할 수 없다. 심화는 '개념 심화'와 '실전 대비 심화 문제 풀이'로 구분된다. 그런데 고등학교 1학년 과정은 수능 범위가 아니니 심화 문제 풀이는 내신 대비인 셈이다. 중학교 때 수능에 나오지 않은 고등학교 1학년 내신을 미리 대비하는 것은 시간 낭비이다. 개념 심화는 해도 되지만 심화 문제 풀이는 내신 시험 보기 6개월 전에 시작하는 것이 바람직하다. 고등 과정 수학 선행 순서는 '개념 배우기 → 개념 이해하기 → 유형 익히기 → 수능 유형 익히기'이다. 개념 배우기는 소위 말하는 개념서로 학원에서 진행한다. '개념원리'나 '기본정석', '수엘 개념서' 등이 대표적인 교재이다. 개념은 이해하는 것이 중요하므로 설명이 많고 문제는 정석의 유제처럼 한두 문제로 개념을 문제에 적용하는 연습만 하는 것이다.

다음으로 내신과 수능에 가장 많이 출제된 문제를 모아둔 유형서가 있다. 교재는 'RPM', '쎈', '수엘 워크북', '일품' 등이다. '유형'이란 '시험에 많이 나오는 문제'를 말한다. 즉, 앞서 배운 개념이 실제 내신과 수능에 어떤 형태로 문제로 출제되는지 확인하고 익히는 것이다. 대한민국 학생은 시험 점수로 결과를 입증해야 하니 시험에 많이 출제된 문제 그룹으로 연습하고 익혀야 한다. 그런데 고등학교 1학년 과정은 수능 범위가 아니기 때문에 주로 내신 기출이다.

수능 유형 익히기 과정은 학원에서 보통 심화 단계라고 부른다. '블랙라벨', 'EBS 올림포스 고난도 수학' 등 다양한 교재가 있다. 그러나 수능 범위가 아니어서 고등학교 1학년 내신이 어려운 고등학교의 기출문제를 변형한 문제가 많다. 따라서 굳이 중학생이 선행으로 할 필요는 없다. 대부분 중학생은 고등학교 1학년 내신 문제가 그리 어렵지 않은 일반고에 진학하고, 내신도 10%이면 1등급을 받을 수 있으니 고등학교 1학년 내신 때문에 시간을 낭비하다가 정작 중요한 대수와 미적분1을 하지 않고 고등학교에 입학하는 실수를 해서는 안 된다. 개념과 유형을 마치면 빨리 대수와 미적분1 선행을 시작하는 것이 좋다. 고등학교 1학년 내신이 걱정되면 중학교 3학년 말에 고등학교 1학년 내신 심화를 하면 된다. 고등학교 1학년 내신 심화 문제는 개념과 연결된 문제보다는 풀이가 까다로운 경우가 많은데 미리 유형을 익혀둔다고 해도 까먹기 때문에 어차피 다시 해야 한다. 기왕이면 까먹지 않을 수 있는 시기에 시작하는 것이 좋다.

③ 고등학교 1학년 과정 심화 학습은 대수와 미적분1 공부 시간을 빼앗

는 수능 고득점 방해 행위이다. 한 학생이 평생에 가장 많이 공부한 범위가 통합수학1·2일 것이다. 중학교 때 처음 고등학교 수학 선행을 하면서 배우기 시작해 유형 학습, 심화 학습 등을 반복하고, 고등학교 1학년이 되면 통합수학만 1년간 지겹게 반복한다. 수능에 나오지 않는 범위를 최소 3회, 최대 10회까지 반복하는 것이 일반적이다. 그런 반면에 수능에 나오는 대수와 미적분1은 중학교 때 1~2회 보거나 아예 안 보고 고등학교에 입학하는 경우도 허다하다. 고등학교 1학년 때는 내신에 매몰되어 대수와 미적분1 공부를 소홀히 하고, 2학년이 되어서 대수를 제대로 공부하기 시작하는데 2학기에는 미적분1이 내신 범위라서 대수는 1학기에 공부하고 접었다가 3학년 1학기에 다시 공부한다. 대수와 미적분을 배우기 위한 과정인 통합수학만 반복하다가 시간을 다 보내는 셈이다. 하여간 고등학교 1학년 수학 '내신 심화' 학습은 반대한다.

④ 고등학교 1학년 과정 심화를 많이 하면 내신형 학습으로 치우치게 된다. 수능에는 지엽적이고 계산이 복잡한 문제가 출제되지 않는다. 내신 심화 문제는 지엽적이고 계산이 복잡한 문제가 킬러 문제 역할을 한다. 자꾸 이런 문제에 집착하게 되면 수능형으로 공부하는 데 걸림돌로 작용하기도 한다.

⑤ 수학 공부에 너무 많은 시간을 할애하면 수능 국어 준비에 방해가 된다. 고등학교 1학년 수학을 너무 파고들면 학생이 수학에 질려서 싫어하게 될 수도 있다. 특히 수능에 나오지 않는 고난도 문제 때문에 수학에 질리면 수능 수학 준비에 결정적인 손해를 끼치는 셈이다.

중등 학원에서는 왜 고1 내신 심화를 강요할까?

① 학원에 대수와 미적분1을 제대로 강의할 강사가 많지 않다.

② 대수와 미적분 진도를 나가면 고등 학원으로 학생을 빼앗길 수 있다.

③ 고1 과정 개념을 제대로 따라오지 못하는 학생이 많아서 다시 반복해야 하는데 '개념 반복'이라고 하면 싫어하니 '심화'를 붙이기도 한다.

④ 선행을 하면 안 되는 실력인 중학생도 선행을 하고 싶다며 고등 과정을 시작하는데, 3개월 완성은 불가능하니 어쩔 수 없이 반복한다.

⑤ 상위권에서는 개념만 수업하면 금방 진도가 끝나 돈벌이가 사라지기 때문에 자꾸 심화를 강요하게 된다. 중학생이 학원에서 주3일 3~4시간 수학을 하는 수업 빈도는 고등학생이 학원에 다니는 것보다 시간상으로 더 많다. 공부 효과보다는 양치기로 학원 교육과정이 설계된 경우가 많다. 그래서 가장 중요한 자기 공부 시간을 내기가 어렵다. 배우기만 하고 혼자 공부하지 않는 중학교 수학 학원 생활이 보편화되었지만 학부모들은 문제라고 생각하지 않는다. 자녀가 눈앞에서 놀고 있는 것보다는 학원이라도 가서 뭔가를 하고 있다는 안도감이 더 크기 때문이다.

수시로 공대에 갈 학생은 통합수학을 제대로 공부하고, 기하를 공부하고, 도형의 방정식을 충분히 공부해도 전혀 상관이 없다. 서울대 공대는 수능최저기준이 없다. 연·고대는 수능최저기준이 있지만 2등급만 받으면 된다. 카이스트도 서·성·한도 수능최저기준이 없다. 오히려 내신이 더 중요할 수 있다.

하지만 수능최저기준이 높은 의대는 다르다. 대부분 의대에는 수능최저기준이 있다. 거의 대부분 1등급, 특히 수학은 1등급을 받아야 한다. 그래서 공대보다는 의대에 진학하려는 학생에게 수능이 훨씬 중요한 것이다. 의대에 가려는 학생이 중학교 때 고등 과정을 선행하면서 통합수학1·2에 너무 많은 시간을 쓰면 나중에 대수와 미적분1을 제대로 공부할 시간이 부족해진다. 심화 과정을 한답시고 시간을 질질 끌다가 정작 수능 과목인 대수와 미적분을 등한시하면 결론적으로 수능에서 손해를 본다. 중등 학원에서 통합수학1·2를 과도하게 많이 반복해서 통합수학1·2를 잘하면 대수나 미적분을 배우는 데 도움이 되기는 하지만 그게 모든 걸 결정할 정도로 중요하지는 않다. 특히 대수와 미적분을 중학교 때 충분히 하지 않으면 고등학교에 진학해서 수능을 준비할 시간이 부족하다.

고등학교 1학년 때는 어느 학원에 가도 1학기에는 통합수학1, 2학기에는 통합수학2만 한다. 결국 중학교 때 대수, 미적분을 제대로 공부하지 않았고, 고등학교 1학년 때도 제대로 공부하지 않았는데 2학년이 되면 대수, 미적분이 내신 범위이다. 통합수학1·2에 비하면 절반도 하지 않고 그 중요한 내신에 임하게 되는 셈이다. 그리고 대수와 미적분1은 수능 범위의 75%이다. 2학년이 되면 본격적으로 대수와 미적분을 공부할 거라고 생각했는데 대수는 1학기 내신 범위여서 2학기에는 잘 안 하게 된다. 2학기에 미적분1만 줄곧 공부하다가 3학년이 되면 대수를 새로 공부해야 한다. 공부하다가 말다가를 계속 반복하는 것이다.

통합수학1, 통합수학2, 대수, 미적분1 네 과목 중에서 사실상 고등학교 3학년이 됐을 때 가장 공부하지 않은 과목이 대수일 확률이 높다. 그러니 중학교 때 선행을 하면서 통합수학1·2는 대수나 미적분을 배우는 데 지장을 주지 않는 수준에서 이해하고 빨리 대수와 미적분1로 진도를 나가는 게 현명하다. 시간이 남으면 대수와 미적분을 여러 번 반복하는 게 똑똑하게 수능을 준비하는 방법이다. 다시 정리하면, 의대 진학을 희망하는 학생의 현명한 선행 방법은 통합수학1·2를 개념 위주로 가볍게 정리하고 유형 학습 정도 한 다음에 빨리 대수와 미적분으로 넘어가서 개념 학습, 유형 학습, 유형 학습 심화, 수능 실전 학습까지 충분히 공부하는 것이다.

고등학교 1학년 내신은 중학교 3학년 겨울부터 다시 해야 하고, 고등학교 2학년 내신은 고등학교 1학년 겨울방학에 하는 것이 정상이다. 수능 준비는 4~5년 계속해야 한다. '중학생이 고등 수학을 선행하는 이유는 수능 준비 때문'이라고 목표를 분명하게 설정해야 한다. 목표가 분명하지 않으면 중학생이 의대를 목표로 하면서도 고등 과정을 선행할 때 '고등학교 1학년 내신을 잘하려고 선행을 한다.'고 여기게 된다. 아니다. 의대를 목표로 하는 중학생이 고등 과정을 선행하는 유일하고 분명한 이유는 '수능 대비를 미리 하려는 것'이다. 여기에 포인트를 두어야 한다.

중학생은 고등학교에 입학하고 나면 내신에 허덕이느라 수능을 멀리하고 내신 범위가 아닌 건 쳐다보지도 않게 된다. 고등학교에서 수능 과목을 공부할 틈을 주지 않기 때문이다. 학생들은 내신에 허덕이느라 수능 공부를 할 틈이 없다. 고등학교 학사 일정을 학생 스스로 벗어나기란 쉽지 않다. 고등학생이 되고 당장 두 달 후에 내신 시험이 있는데 2년 뒤에 치를 수능에 매달린다는 것은 말이 안 되기 때문이다. 하지만 대부분 이 사정을 모르기 때문에 '고등학교에 진학해서 수능을 준비하면 된다.'는 일반적인 오류에 빠지는 것이다. 그런 생각은 의대 불합격을 불러오는 주술이라고 보면 된다.

특히 2028 개정 세대인 현재 중학생은 고등학교에 올라가면 고교학점제 실시와 더불어 선택 과목이 더 다양해진다. 이 때문에 수능이 아닌 과목을 내신에서 훨씬 많이 다루게 된다. 학년은 올라가는데 내신 때문에 허덕이게 되니 정작 해야 하는 수능 공부를 미루게 된다. 수능이 생기고 30년이 넘었는데 그동안 고등학교 2~3학년 기간에 수능 공부를 가장 못 하게 되는 학생들이 현재 고등학교 1~2학년, 중학교 3학년이다. 내신에 시달려서 수능 공부량이 가장 적은 상태로 실전 수능을 보게 될 것이다. 그래서 반드시 중등 수학 공부의 1순위 목표는 무조건 '수능 학습'에 두어야 하는 것이다. 과목은 대수와 미적분1이다.

이쯤 되면 중학생 학부모들이 궁금해하는 것이 있다. "그러면 고등학교 1학년 내신 대비는 도대체 언제 하라는 건가요?" 여기에 대한 답은 "중학교 3학년 2학기나 겨울방학"이다. 통합수학1·2는 대수와 미적분1을 공부하는 과정으로 준비하고, 개념 이해 후 유형 학습까지 한 다음 빨리 대수, 미적분1로 진도를 나간다. 그다음 3학년 2학기나 겨울방학에 본격적으로 고등학교 1학년 내신 대비를 병행하면 된다.

통합수학1·2는 수능 과목이 아니라서 내신만 신경 쓰면 된다. 따라서 자사고나 서울 강남 지역처럼 고등학교 1학년 내신 난이도가 높은 학교를 가려는 학생들은 심화학습까지 충분히 해야만 내신 1등급을 받을 수 있다. 그러나 비강남권 서울이나 지방의 비학군지에 사는 중학교 3학년 학생은 고등학교 1학년 내신만 보면 되는 통합수학1·2를 어느 정도까지 심화할지는 자기 지역의 내신 난이도까지만 맞추면 된다. 왜냐하면 1학기 때 통합수학1, 2학기 때 통합수학2를 보고 나면 다시는 통합수학1·2를 볼 이유가 없기 때문이다. 수능은 대수, 미적분1만 공부하면 된다.

그런 측면에서 고등학교 1학년 내신에 해당하는 통합수학1·2를 어느 정도까지 하고 언제 시작할지는 너무나 명확하다. 시작 시점은 중학교 3학년 2학기나 겨울방학 때 복습을 시작하면 되고, 어느 정도까지 심화를 할지는 자신이 갈 고등학교가 어디인지에 따라서 결정하면 된다. 그래서 중학교 1~2학년 때 통합수학을 개념 위주로 대수와 미적분1을 공부할 정도까지만 학습하고, 3학년 2학기 때 본인이 진학할 고등학교의 범위를 좁힌 상태에서 통합수학1·2를 복습하고 심화하는 게 순서의 핵심이다. 이 순서를 지키지 않으면 1학년 때 아직 어느 학교에 갈지도 모르면서 통합수학을 심화까지 엄청나게 공부하느라고 시간을 뺏겨서 대수, 미적분 선행이 늦어진다. 순서가 매우 중요하다.

예를 들어 중학교 1학년 때는 자사고 진학이 목표였지만 이후 마음이 바뀌어 일반고에 진학하기로 했다고 치자. 자사고를 가려고 통합수학1·2 내신 문제까지 모두 공부했지만, 정작 그 정도 난도 문제가 나오지 않는 일반고에 가게 된 것이다. 결국 의대에 가느냐 못 가느냐를 결정하는 대수와 미적분1 공부가 늦어진 상태로 고등학교에 입학하게 된다. 이중으로 손해를 보는 상황이 발생하는 것이다. 그런 차원에서 영재고나 과학고에 진학할 학생과 달리 꼭 의대에 가겠다고 하는 중학생이라면 확실하게 대수와 미적분에 중점을 두고 공부해야 한다는 걸 명심해야 한다. 물론 공대 진학이 목표라면 이대로 하지 않아도 되며 통합수학1·2를 심화하고 나서 대수나 미적분으로 넘어가도 상관없다.

다시 이야기하지만 자신이 가고 싶은 고등학교에 어떤 내신 과목이 있는지 알아야 한다. 수능 과목은 이미 머릿속에 그려질 것이다. 특히 중학생 학부모들은 수능 과목을 단원까지 적어서 자녀의 책상에 붙여줘야 한다. 학생들은 아직 어리기 때문에 '수학이면 어느 단원이든 다 잘해야 한다.'고 착각할 수 있다. 학부모의 역할이 중요한 이유이다. 고등학교에 가면 내신에서 뭘 배우는지 정도는 알게 해줘야 한다.

중학교 때 사실상 수능 성적 결정!

- 중학생 수학 선행의 꽃은 대수와 미적분1
- 고등학생은 내신과 다양한 활동 때문에 수능 공부할 시간이 없다.
- 고등학교에 입학한 뒤 내신 위주로 학습하면 수능 경쟁력을 최하로 떨어뜨린다.
- 고등학교 3학년 내신은 수능 과목이 아니다.

왜 고등학교에 입학하면 수능 공부를 하기 어려울까?

'학교알리미'(www.schoolinfo.go.kr) 검색창에 '서울과학고등학교'라고 검색해 보면 이 학교에서 무엇을 배우는지 알 수 있다. 다음 표는 서울과학고에서 배우는 과목이다.

국어에서는 국어1·2, 독서1·2, 작문, 문법, 문학을 배운다. 이런 과목은 수능 과목과 비슷해서 그나마 수능을 대비할 수 있다. 외국어는 영어1·2, 영어회화1·2, 커뮤니케이션, 영어소설, 영작문, 시사영어, 영어독해, 고급커뮤니케이션 등을 배운다. 이런 과목을 배운다고 해서 수능에 방해가 되지는 않지만, 솔직히 영어는 절대평가여서 수능을 보는 데는 조금 과잉으로 보인다. 그다음에 중국어를 배운다. 사회는 정치와 법, 한국사, 철학, 세계사, 세계문화지리를 배우는데 정작 현재 고등학교 1~2학년은 수능에서 사회를 안 봐도 된다. 지금 중학생은 수능 사회 교과에서 봐야 하는 게 통합사회이니 세계사나 세계문화지리 같은 과목은 필요가 없다.

예체능은 논외로 하고, 심화 선택 과목으로 넘어가자. 국어, 영어, 사회 세 과목에서 심화 선택으로 매체언어비평, 경제학, 영미문화탐구, 예술사, 디자인을 배우는데 역시 수능과 아무런 상관이 없다. 그러니까 서울과학고에 진학해서 수능을 준비하겠다는 건 저 어마어마한 과목들을, 그것도 서술형으로 평가받으면서 기숙사 생활을 하는 와중에 혼자 몰래 수능 공부를 해야 한다는 말이다.

수학을 살펴보자. 1학년 때 기본으로 수학1·2까지 배우는 건 이해되지만 이제까지 전혀 본 적 없는 수학3·4가 나타난다. 영재학교는 자율권이

• 서울과학고 교육과정

<table>
<tr><th colspan="3">구분</th><th>필수 과목</th><th colspan="2">선택 과목</th></tr>
<tr><td rowspan="10">교과
활동</td><td rowspan="4">일반교과</td><td></td><td></td><td>기본 선택</td><td>심화 선택</td></tr>
<tr><td>국어</td><td>국어1, 2
독서1, 2</td><td>작문
문학
문법</td><td rowspan="4">매체언어비평
경제학
영미문화탐구
예술사
디자인</td></tr>
<tr><td rowspan="2">외국어</td><td>영어1, 2
영어회화1, 2
커뮤니케이션</td><td rowspan="2">영어소설
영작문
시사영어
영어독해
고급커뮤니케이션</td></tr>
<tr><td>중국어</td></tr>
<tr><td></td><td>사회</td><td>정치와 법
한국사, 철학</td><td>세계사
세계문화지리</td></tr>
<tr><td colspan="2">융합 교과</td><td>융합과학탐구</td><td></td><td>창의융합특강
과학철학특강</td></tr>
<tr><td rowspan="4">전문교과</td><td>수학</td><td>수학1, 2
수학3, 4</td><td>확률과 통계
미적분학1, 2</td><td>정수론
선형대수학</td></tr>
<tr><td>과학</td><td>물리학1, 2
화학1, 2
생명과학1, 2
지구과학1, 2</td><td>물리학3, 4
화학3, 4
생명과학3, 4
지구과학3</td><td>고급물리학1, 2
양자역학
고급화학1, 2
고급생명과학1, 2
고급지구과학1, 2
자료구조
인공지능</td></tr>
<tr><td>정보</td><td>컴퓨터과학1, 2
데이터과학</td><td>컴퓨터과학프로젝트
고급프로그래밍</td><td></td></tr>
<tr><td>과학실험</td><td>물리학실험
화학실험
생명과학실험
지구과학실험</td><td>고급물리학실험
고급화학실험
고급생명과학실험</td><td>로봇공학기초실습
천문학실습</td></tr>
<tr><td rowspan="2">연구
활동</td><td colspan="2">필수</td><td colspan="3">과제연구1, 2, 3 / R&E 1, 2 / 졸업논문연구 / 졸업논문발표</td></tr>
<tr><td colspan="2">선택</td><td colspan="3">창의융합연구1, 2 / 위탁교육 / 자연탐사1 / 이공계체험학습1</td></tr>
</table>

있어서 교육부의 교육과정과 다른 과목을 가르칠 수 있다. 물론 그 안에 기하, 미적분, 확통이 다 들어가 있긴 하다. 하지만 자기들만의 과목을 별도로 공부하는 셈이다. 다음 단계로 넘어가면 확률과 통계를 한다. 이게 수능 과목이다. 그리고 미적분학을 배운다. 이전에 언급했듯이 수능 과목에도 빠져 있고 1학년 내신에도 없고, 2학년 내신, 3학년 내신에 가면 일반고에서 미적분1·2를 배운다. 그런데 여기에서 말하는 미적분은 우리가 평소 아는 미적분과는 다르다. 자사고나 영재학교에서만 배우는 AP 개념의 미적분학이다. 대학교 선행 학습에 해당하는 미적분학1·2를 배우는 것이다. 이 과목을 열심히 하면 수능 과목인 미적분1에 약간은 도움이 되겠지만, 과잉 학습이다. 그리고 정수론, 선형대수학은 대학교 선행 학습이 확실하다. 한마디로 수능 과목에 비해 너무 많은 걸 공부한다.

과학에서 물화생지1·2까지는 일반고나 자사고에서 배우는 과목들이다. 그런데 엉뚱한 과목들이 나오기 시작한다. 물화생지3·4는 대학교 수준이다. 결국 서울과학고 학생들이 수능을 보려고 하면 현재 1~2학년까지는 물화생지1 중에서 두 과목을 봐야 한다. 2~3학년이 되면 고급물리학, 양자역학, 고급화학 이런 '고급'이 들어가는 과목과 지질구조나 인공지능 과목을 공부하는데, 이 역시 수능을 준비하는 데 그다지 도움이 된다고 볼 수 없다. 그리고 영재고 시험은 당연히 내신이 어려우므로 수행평가도 열심히 해야 하겠지만, 필기시험에서도 저 과목들 위주로 공부하지 않고는 절대로 상위권 성적을 유지할 수 없다.

이쯤 되면 일단 정시로 의대에 진학하기가 어렵다는 건 이해가 될 것이다. 그렇다고 수시로 의대에 가려고 해도 교과전형으로는 가능성이 거의 없다. 학종 가운데 영재학교 학생들이 지원할 수 있는 곳은 수능최저기준이 없거나 굉장히 낮은 학교이다. 결국 영재학교나 과학고에 가서 의대에 진학한다는 건 잘못된 설계임을 알 수 있다. 의대에 갈 학생이라면 수능 준비에 유리한지를 고등학교 선택 1순위로 참고해야 한다.

영재고, 과학고 외에 다른 학교의 상황은 어떨까? 휘문고는 서울 강남에 있는 자사고이다. 위치는 강남이지만 서울 지역 광역 자사고여서 강남뿐 아니라 성북, 구로, 강동 등 비강남권 서울에 있는 모든 중학교 3학년이 지원할 수 있다. 이 학교에 입학하면 과연 학교 내신을 관리하면서 수능 공부를 제대로 할 수 있을까? 앞에 소개한 서울과학고와 비교해보자. 다음 표는 휘문고 3학년 학생의 선택 과목이다.

경제수학과 미적분 중에서 하나를 선택하게 되는데, 경제수학은 문과 학생이 선택하고, 의대를 준비하는 이과 학생은 미적분을 선택하면 된다. 현재 고등학교 1, 2학년에게 미적분은 수능 과목에 해당한다. 이 과목을 선택하고 휘문고에서 내신을 열심히 하면 미적분 여덟 문제를 푸는 데는 도움이 되겠지만, 수능에서 가장 많은 양이 출제되는 수학1·2는 정작 3학년 때 배우지 않으니 스스로 공부해야 하는 이중 부담이 생긴다.

국어도 언어와 매체, 화법과 작문 중에서 하나를 선택해 1학기 때만 배운다. 당연히 수능으로 의대를 준비하는 학생은 언어와 매체를 선택할 확률이 높기 때문에 언어와 매체는 휘문고에 다니면서도 공부할 수 있다. 하지만 더 많은 문항이 출제되는 문학과 독서는 2학년 내신으로 끝났기 때문

● 휘문고(서울 지역 광역 자사고) 3학년 선택 과목

구분	과목	1학기	2학기
3학년 선택	경제수학, 미적분	택1	택1
	화법과 작문, 언어와 매체	택1	
	심화영어1, 진로 영어		택1
	고전 읽기, 인공지능 수학, 기하, 영미 문학 읽기	택1	택1
	생활과 윤리, 사회·문화, 한국지리, 동아시아사, 물리학2, 화학2, 생명과학2, 지구과학2, 사회문제 탐구, 여행지리, 고전과 윤리, 생활과 과학, 융합과학, 정보과학, 생활과 창의성	택4	택4

에 3학년 때 다시 가르쳐주지 않는다. 이걸 뒤집어서 이야기하면 지금 중학교 학생이 수능을 볼 때 수능 과목에 해당하는 과목은 고등학교 3학년 때 EBS 수능특강과 수능완성이라는 교재를 내는데 거기에서 50% 정도 연계 출제된다. 참 아이러니한 부분이다.

EBS 수능특강, 수능완성은 수능을 볼 고등학교 3학년 학생은 모두 해야 하는 과목인데, 정작 공교육에서 문학과 독서에 나오는 EBS 수능특강, 수능완성 수업을 하지 않는다. 왜냐하면 3학년에 개설된 과목이 없기 때문이다. 그러면 편법으로 언어와 매체 선생님이 문학과 독서를 EBS 수능특강으로 알려줘야 하는데 시간이 부족하다. 배울 수 있는 시간은 17주밖에 안 되는 한 학기인데, 50분짜리 수업 네 개로 문학, 독서, 언어와 매체까지 EBS 수능특강, 수능완성을 다 알려주는 건 물리적으로 불가능하다. 마찬가지로 수학 시간에 미적분 선생님이 본래 수업 대신 수학1·2, EBS 수능완성, 수능특강까지 풀어주는 건 말이 안 된다.

수능에 50%가 나온다고 이미 공지되었고, 교재도 새로 나온 과목인데 학교에서는 배울 수 없는 현실이 답답하기만 하다. 물론 휘문고의 교육과정이 서울과학고의 그 무지막지한 교육과정과는 다르기 때문에 학원에 다니면서 충분히 공부할 수는 있다. 특히 휘문고는 대치동의 엄청난 학원 인프라 덕을 보고 있다. 학교 수업이 16시에 끝나면 17시에 저녁을 먹고, 18시부터는 학원에 가서 수학1·2 수능특강, 수능완성 수업을 듣고, 문학과 독서 수업을 대치동 일타 강사를 찾아가서 사교육으로 해결한다. 이렇게 보면 수능은 기본적으로 사교육의 차별성이 가장 많이 나타나는 제도이다.

안타깝지만 고교학점제를 시행하면 수능이 없어지거나 등급제가 되거나 적어도 정시가 축소되어야 하며, 의대 진학에 수능최저기준을 낮추거나 비중을 낮추는 제도가 병행되어야 하는데 그럴 일은 없어 보인다. 정작 교육부도 그럴 생각이 없고 의대에서도 수능의 중요도를 절대 낮출 생각이 없다. 이런 구조에서 의대를 희망하는 학생은 아무리 좋은 고등학교를 가도, 심지어 고교학점제에 충실한 고등학교를 가도 수능 준비에 방해가 되는 셈이다.

아마 지금 고등학교 2학년은 이런 부분에서 현실감이 없을 것이다. 3학년 때 본인이 무엇을 해야 할지 관심을 갖지 않을 수도 있다. 지금 고등학교 1학년은 내신의 소용돌이 한가운데에 있기 때문에 수능까지 고민하기는 힘들 것이다. 마찬가지로 중학교 2~3학년도 아무 생각이 없을 것이다.

그런 측면에서 학부모님이나 이 책을 보고 고민하는 학생들은 남아 있는 고등학교 1~3학년 때 내신에서 무얼 공부할지, 수능 과목과 다른 내신을 공부하면서 수능을 어떻게 준비할지 대책을 세워야 한다. 대책이 없으면 의대에 합격하기는 힘들다.

나머지 과목도 살펴보자. 선택 과목에서는 고전 읽기, 인공지능 수학, 기하 중에서 한 과목을 골라야 한다. 이과 학생은 당연히 기하를 선택할 것이다. 기하 혹은 인공지능 수학이 있지만, 의대가 목표라면 인공지능 수학보다는 기하를 선택할 확률이 높다. 기하를 선택해서 열심히 3학년 동안 공부해도 정작 수능 과목이 아니다. 그다음 선택 과목 네 개를 골라야 한다. 생활과 윤리부터 융합과학까지 주로 사회, 과학이다. 사회, 과학에서 네 과목을 선택해야 한다. 생활과 윤리, 사회문화, 한국지리, 동아시아사, 물리학2, 화학2, 생명과학2, 지구과학2, 사회문제 탐구, 여행지리, 고전과 윤리, 생활과 과학, 융합과학 중에서 네 과목을 골라야 한다. 이과 학생이라면 물화생지2 중에서 두 과목, 그리고 생활과 과학을 선택하거나, 아니면 현행에서 사회를 반드시 한 과목 더 해야 하니까 3학년 때 여행지리를 선택할 것이다. 그렇게 네 과목을 선택해도 모두 수능 과목이 아니다.

현재 고등학교 1~2학년이 3학년이 되어서 수능을 볼 때는 대부분 생명과학1이나 지구과학1을 가장 많이 선택하거나 생명과학1과 화학1을 선택한다. 3학년 내내 배우는 사회탐구, 과학탐구는 수능 과목이 아니다. 결국 생명과학1과 지구과학1을 수능 때 보려고 하는 학생은 생명과학1 수능특강, 수능완성을 학교에서 배우지 못하니 학원에 가서 배워야 한다. 말도 안 되는 일이지만 상황이 이렇다. 지금 중학생은 고등학교 2~3학년이 되면 자신이 명문고에 진학할수록 수능과 멀어지는 과목 위주로 공부하게 된다. 따라서 반드시 수능을 중학교 때 끝내고 진학해야 한다.

이어서 외대부고를 알아보자. 외대부고 교육과정을 보면 선택 과목이 휘문고보다 복잡하다. 전국 단위 자사고의 특징이다. 보통 자사고에 가는 이유는 학종으로 대학에 합격하는 게 유리하기 때문이다. 자연스레 자사고 측에서는 학부모에게 학교의 장점을 내세운다. "우리 학교는 특목고만큼 풍부한 선택 과목이 있고, 학종에 유리하도록 다양한 선택 과목을 선택할

● 외대부고 2~3학년 선택 과목

선택	2-1	2-2	3-1	3-2
택1	미적분학1 수학1	미적분학2 수학2	고전 읽기 언어와 매체	고전 읽기 언어와 매체
택1	고급영작 영어회화 영어1	고급영작 영어독해와 작문 영어2	AP미적분학 BC1 확률과 통계 기하	AP미적분학 BC2 심화통계 심화미적분학1
택1	AP심리학 경제 세계사 물리학1	AP심리학 국제경제 세계역사와 문화 물리학2	영미문학1 영미문학 읽기 심화영어독해1	영미문학2 영어비평적 읽기 심화영어독해2
택1	AP화학1 AP컴퓨터과학A 사회문화 화학1	AP화학1 AP컴퓨터과학A 비교문화 화학2	에세이 쓰기 독서	에세이 쓰기 심화국어
택1			프레젠테이션 미적분 수학연습1 선형대수학	프레젠테이션 미적분 수학연습1 선형대수학

수 있게 해주겠다."라고 말이다. 실제로도 학생들은 이런 광고를 보고 입학하게 되고 학교 측은 당연히 이 설명대로 운영해야 한다. 그렇다 보니 학교 운영에 비용이 많이 들고, 일반고보다 등록금도 세 배 정도 비싸다. 일반고에 없는 프레젠테이션 수업도 해야 하니 선생님 인원이 많아질 수밖에 없는 구조이다.

우선 첫째 행을 보면 네 학기 동안 둘 중 하나를 선택해야 한다. 2학년 1학기 미적분학1은 서울과학고 교육과정에도 있는 과목이다. 마찬가지로 대학교 과정을 선행하는 것이다. 그러면 외대부고에서 공대에 진학하려는 학생은 미적분학1을 선택할 수 있다. 수능최저기준이 없고 학종으로 갈 수 있기 때문이다. 하지만 의대에 진학하려는 학생은 수능 공부를 해야 하니 수능과 일치하는 과목인 수학1을 선택해야 한다. 그리고 2학기 때 수학2를 선택하는 것이 유리하다. 여기까지만 보면 외대부고에 진학해도 의대를 준비하는 학생들의 교육과정은 휘문고나 일반고와 대동소이할 수 있다. 그리고 3학년 1학기가 되면 고전 읽기와 언어와 매체가 있다. 당연히 언어와 매체가 수능 과목이니 2학기 때까지는 언어와 매체를 선택하면 된다.

둘째 행을 보면 고급영작, 영어회화, 영어1 중에서 하나를 선택해야 하고, 3학년 때 AP미적분학을 선택하면 1학기에 BC1을 하고 2학기에는 BC2를 한다. 그렇지 않으면 1학기 때 확통이나 기하, 2학기 때 심화통계나 심화미적분학1을 해야 한다. 2학년 1학기 때 미적분학1을 안 한 학생은 3학년 2학기 때 할 수 있지만, 의대 진학 예정인 학생은 3학년 때 배우는 과목이 모두 수능과 상관이 없다. 그래도 하나를 선택해야 한다면 기하를 선택하고, 심화미적분학1을 선택하면 된다.

셋째 행에서는 AP심리학, 경제, 세계사, 물리학1 중에서 하나를 선택해야 한다. 이 중 의대 진학 관련으로 경제나 심리학을 고를 순 없다. 어쩔 수 없이 1학기에는 물리학1, 2학기에는 물리학2를 선택한다. 그리고 3학년 1학기 때 영어는 영미문학1·2, 영미문학 읽기, 영어비평적 읽기, 심화영어독해1·2이다. 수능에 영어가 필요하니, 영어 독해1·2를 선택한다.

넷째 행에서는 AP화학1, AP컴퓨터과학, 사회문화, 화학1 중에서 하나를 골라야 하는데 1학기 때 화학1, 2학기 때 화학2를 하면 된다. 3학년 1학기 때는 독서가 수능 과목이기에 한 학기 동안 배운다. 독서는 수능에서 1/3이 넘게 나오는데, 3학년 1학기 동안 공부해볼 수는 있다. 그리고 2학기가 되면 에세이 쓰기나 심화국어 중에서 하나를 선택해야 하는데, 수능이 100~150일 남은 짧은 기간에 에세이 쓰기는 쉽지 않다. 그래서 심화국어를 고른다.

그리고 다섯째 행에서 미적분을 3학년 1, 2학기 동안 배운다. 당연히 수능 과목이기 때문에 1, 2학기 모두 미적분을 선택한다.

다음 표의 첫째 행 선택 과목을 보면 제2외국어이다. 독일문화를 선택하고, 독일어를 했을 경우 3학년 1, 2학기 때 생명과학2, 둘째 행에서 2학년 1, 2학기 때 생명과학1을 선택한다. 이 과목은 의대 준비생이 가장 많이 선택하는 과목이고 확실히 수능 공부에 도움이 된다. 3학년 1, 2학기 때 생명과학1, 지구과학1을 하는 학생은 그나마 수능과 일치하는 과목을 공

• 외대부고 2~3학년 선택 과목

선택	2-1	2-2	3-1	3-2
택1	독일문화 스페인문화 일본문화 중국문화 프랑스문화	독일문화 스페인문화 일본문화 중국문화 프랑스문화	서양철학사 AP생물학 정치와 법 생명과학2	서양철학사 AP생물학 정치와 법 생명과학2
택1	AP세계사 경제수학 생명과학1	AP세계사 경제수학 생명과학1	AP비교정치 빅데이터분석 한국지리 지구과학1	AP비교정치 빅데이터분석 한국지리 지구과학1
택1	독어작문1 서어작문1 일어작문1 중어작문1 불어작문1 과학사 고전과 윤리 한국사회 이해	독어작문1 서어작문1 일어작문1 중어작문1 불어작문1 과학사 고전과 윤리 한국사회 이해	독어작문2 서어작문2 일어작문2 중어작문2 불어작문2 독어2 서어2 일어2 중어2 불어2 고전역학 유기화학 분자생물학	독어작문2 서어작문2 일어작문2 중어작문2 불어작문2 독어2 서어2 일어2 중어2 불어2 고전역학 유기화학 분자생물학

부하게 되는데, 정작 3학년 2학기 때 생명과학1을 할 수 없다. 그래서 생명과학1의 EBS 수능특강과 수능완성을 혼자 공부하거나 학원에 가서 공부하는 수밖에 없다.

외대부고는 용인시 모현읍에 있는 외국어대학교 용인 캠퍼스의 한 기슭에 있다. 산속에 있고 주변에 학원이 없다. 결국 부모의 도움을 받아 차를 타고 강남까지 넘어와 수능 강의를 듣고 다시 학교로 복귀해야 한다. 길에서 버리는 시간이 많지만 어쩔 수 없다. 그렇다고 학교에서 의대 준비생을 위해 학교 수업도 아닌 생명과학1 수능특강을 해줄 수도 없는 노릇이다. 결국 알아서 공부할 수밖에 없는 구조이다.

그리고 셋째 행에서 과학사를 선택하고 분자생물학을 선택할 텐데, 분자생물학이 생명과학1을 공부하는 데 조금은 도움이 되겠지만 수능에서 가장 중요한 EBS 수능특강은 못 해주는 구조가 된다. 2학년 때 문학을 배우는데, 그것도 딱 한 학기만 배울 수 있다. 수능에서 1/3이 넘는 문항 수가 출제되는데 한 학기 동안만 배우고 2학기 때는 화법과 작문을 해야 한다. 그러니까 외대부고를 다니면서 내신을 열심히 공부하고 학교생활을 충실히 하면 할수록 수능 공부와는 멀어질 수밖에 없는 것이다. 그러니 어른들이 n잡을 하는 것처럼 학생들은 수능 아닌 과목을 학교에서 열심히 토론하고, 발표하고, 실험까지 하며 공부하고 나서 해가 지면 밤에 혼자 수능 볼 과목을 공부해야 한다. 학원에 갈 수도 없으니 혼자서 기출문제를 풀고, EBS도 보면서 쉴 틈 없는 상태로 이 어려운 상황을 극복해야 한다. 자사고 학생이 의대에 가려면 학종을 잘해야 한다는 이유 때문에 이런 어려운 장애물을 넘어야 한다.

이전에도 언급했지만, 의대는 학종과 거리가 있으므로 한 번 더 고민해 볼 필요가 있다. 그렇다고 자사고에 가는 게 나쁘다는 건 아니다. 필자는 자사고에 가는 걸 권장하는 편이지만 상황을 충분히 인지했으면 한다. 외대부고에 합격하기 전에 수능 준비를 다 해놓아야 고등학교 3학년 때 혼자 수능을 준비하는 데 아무 문제가 없다는 점을 충분히 알고 입학해야 한다는 이야기이다. 그런데 학생들은 대부분 외대부고에 가기만 하면 의대 진학에 유리하다고 생각하며 '수능도 학교가 알아서 공부하게 해주겠지.'라고 착각한다. 하지만 학교는 수능 대비를 해줄 여력이 없는 상태라는 걸 알아야 한다.

이제 강북 지역의 일반고를 한번 살펴보자. 서울사대부고는 서울 성북구에 있으며 일반고의 대표 사례이다. 1~3학년 교육과정을 보면 국어, 영어, 수학이 있다. 국어는 1학년 때 통합국어를 1학기에 3학점, 2학기에 4학점 배운다. 2학년 1학기에는 문학을, 2학기에는 독서를 배운다. 이게 수능 주요 과목이다. 3학년 때는 역시 특목고, 자사고, 일반고 모두 문학과 독서가 없다. 그래서 서울사대부고 같은 일반고에 다니는 학생은 근처 학원에서 문학과 독서 수능 준비를 해야 한다. 수학도 마찬가지이다. 수학도 1학년 때는 수학 상·하를 3학점, 4학점 하고, 2학년 1학기에 수학1, 2학기에 수학2를 배운다. 일반고에 가더라도 내신에 집중하면 2학기에 수학2만 공부하니 수학1을 잊어버리게 된다. 결국 실제로 일반고든 자사고든 수능 공부를 하기에는 조건이 너무 안 좋다.

우리나라는 그동안 교육부나 학교 당국이 고교학점제에 맞도록 교육과정을 다 바꿔놓았기에 한 학기마다 과목을 끝내야 한다. 그래서 정작 수능에서 매우 중요한 과목인 수학1을 고등 과정 3년 중에 딱 한 학기만 수업한다. 그리고 2학기에는 수학2만 하다가 정작 3학년 때는 수학1을 안 하는 것이다. 조금은 당황스러운 상황이다. 영어는 공통영어를 4학점, 3학점 배우고 2학년 1학기에 영어1, 2학기에 영어2를 배운다. 이게 수능 주력 과목

● 서울사대부고 학교 지정 교육과정

구분	교과영역	교과(군)	1-1	1-2	2-1	2-2
학교 지정	기초	국어	국어	국어	문학	독서
		수학	수학	수학	수학1	수학2
		영어	영어	영어	영어1	영어2
		한국사	한국사	한국사		
	탐구	사회	통합사회	통합사회		
		과학	통합과학 과학실험	통합과학 과학실험		
	생활 교양	교양	직업과 진로	직업과 진로		
		제2외국어 (택1)	독어1 불어1	독어1 불어1		

이다. 그다음 한국사를 1학년 때 끝내고, 통합사회를 3학점 배우고, 통합과학을 4학점, 3학점 배운다. 그런데 현재 고등학생에게는 통합과학이 수능 범위가 아니다. 음악, 미술, 체육은 넘어가겠다.

다음 선택 과목으로 가보면 기초 선택에 영어, 수학이 있는데 2학년 1학기이다. 2학년 1학기 때 학생들은 수학1을 하면서 기하나 영어권 문화 중에서 하나를 선택해야 하는데 의대를 노리는 학생들은 기하를 선택할 것이다. 그리고 과학은 생명과학1과 지구과학1인데 집중 이수로 한 학기에 끝내게 된다. 4시간씩 해서 끝내는데, 당연히 생명과학1과 지구과학1을 할 수밖에 없다. 체육은 제외하고 기술가정, 정보 중에 하나를 선택한다. 그렇게 기하, 생명과학1, 지구과학1, 정보 이런 식으로 4개를 선택하는 것이다.

• 서울사대부고 2학년 선택 과목

구분	교과영역	교과(군)	2-1	선택	2-2	선택
2학년 선택	기초	국어		택4	현대문학 감상	택4
		수학	기하		인공지능 수학	
		영어	영어권 문화		영미 문학 읽기	
	탐구	사회	정치와 법		한국지리	
			윤리와 사상		세계사	
			여행지리		경제	
					고전과 윤리	
		과학	생명과학1		물리학1	
			지구과학1		화학1	
			생활과 과학			
	체육 예술	체육	체육 전공 실기 기초		체육 전공 실기 심화	
		예술	연극		공연 실습	
			음악 연주		연극 감상과 비평	
			미술 창작		디자인 일반	
	생활 교양	기술가정	기술가정		인공지능 기초	
			정보		식품과 영양	
		2외국어	일어1		일어 회화1	
			서어1		중어1	
			독어 독해와 작문1		독어 독해와 작문1	
			불어 독해와 작문1		불어 화화1	
		한문	한문1			
		교양	심리학		논리학	

2학기가 되면 현대문학 감상이나 인공지능 수학 중에서 하나를 하는데 이것도 수능 과목이 아니다. 다음으로 물리학1과 화학1이 있다. 이렇게 선택하면 2학년 2학기 때는 수능과 연관된 과목이 수학에서는 수학2밖에 없다. 국어에서는 문학을 1학기에 했고, 2학기에는 독서만 하게 된다.

그러니까 학교생활만 열심히 하고 의대에 수능최저기준이 얼마나 중요한지 모르는 상태에서 '3학년 때 학교에서 수능 대비를 해주겠지.'라는 착각에 빠지게 된다. 2학년 때 수능 공부할 기회를 놓치고 전혀 준비하지 못한 상태로 3학년이 된다면 무슨 수로 의대에 갈 수 있을까? 일반고에 다니는 대다수 학생이 수능최저기준이라는 게 있고 그걸 맞춰야 의대에 갈 수 있다는 사실을 알고는 있더라도, 준비할 시간이 전혀 없다는 현실을 망각한 채 고등학교 생활을 하다가 결국은 의대에 가지 못하게 되는 것이다.

지금 특목고, 자사고, 일반고에서는 모두 수능이 아닌 과목을 배워야 대단한 것처럼 운영되고 있다. 그게 바로 학종이 조장한 교육과정의 거품이다. 그래서 수학1·2도 제대로 안 된 학생이 심화수학, 심화과학, 물리실험 등 온갖 걸 다 공부하는데, 정작 수능은 고등학교 1~2학년 때 배운 걸로 3학년 때 시험을 치르는 것이다. 과거와는 많이 달라져서 이해하기 어렵겠지만 자녀의 미래를 위해 학부모들은 이러한 내용을 잘 알아두어야 한다.

서울사대부고 3학년이 되면 또 무엇을 선택해야 할까? 언어와 매체, 미적분, 기하, 영어2를 선택해야 한다. 총 6가지 선택사항 중 우선 4과목을 선택하고 화학2, 생명과학2를 선택해서 배운다. 이 중에서 수능 과목은 미적분 하나이다. 그리고 수능을 준비해야 하지만 수학과제 탐구, 사회문제

● 서울사대부고 3학년 선택 과목

구분	교과영역	교과(군)	3-1	3-2	선택
3학년 선택	기초	국어	화법과 작문	화법과 작문	택6
			언어와 매체	언어와 매체	
		수학	미적분	미적분	
			기하	기하	
		영어	영어1	영어1	
			영어 회화	영어 회화	
	탐구	사회	세계지리	세계지리	
			동아시아사	동아시아사	
			사회문화	사회문화	
			생활과 윤리	생활과 윤리	
		과학	물리학2	물리학2	
			화학2	화학2	
			생명과학2	생명과학2	
			지구과학2	지구과학2	
	체육 예술	체육	체육 전공 실기 심화	체육 전공 실기 심화	
		예술	음악 전공 실기	음악 전공 실기	
			미술 전공 실기	미술 전공 실기	
	기초	국어	심화 국어	심화 국어	택5
			고전문학 감상	고전문학 감상	
		수학	수학과제 탐구	수학과제 탐구	
			경제 수학	경제 수학	
			인공지능 수학	인공지능 수학	
		영어	영미 문학 읽기	영미 문학 읽기	
	탐구	사회	사회문제 탐구	사회문제 탐구	
		과학	과학과제 연구	과학과제 연구	
	체육 예술	체육	단체 운동	단체 운동	
		예술	음악사	음악사	
			미술사	미술사	
	생활 교양	기술가정	가정 과학	가정 과학	
			인공지능 기초	인공지능 기초	
		제2외국어	독어권 문화	독어권 문화	
			불어권 문화	불어권 문화	
			서어권 문화	서어권 문화	
			중국 문화	중국 문화	
			일본 문화	일본 문화	
		한문	생활과 한문	생활과 한문	
		교양	철학	철학	
			심리학	심리학	
			보건	보건	
			환경	환경	

탐구, 과학과제 연구, 인공지능 기초, 독일어권 문화 이런 과목을 공부해야 한다. 일반고 또한 자사고를 따라 학종에 초점을 맞춘 것이다. 정작 의대 진학에 중요한 수능과는 상관도 없는 과목을 3년 내내 배우고 있다. 무려 11과목이나 되는데, 그중에 수능 과목은 미적분 딱 하나이다. 학교에서는 내내 이 과목만 수업하고 수행평가까지 해야 한다. 선생님에게 세특 잘 써 달라고도 해야 하는데, 3학년이 되면 2학년 때 배운 수학1·2 EBS 수능특강, 수능완성을 해야 한다. 문학, 독서 역시 EBS 수능특강, 수능완성을 혼자 공부해야 한다. 만약 학종이 중요하다고 해서 3학년 때 방과 후에 사제 동행 독서까지 하고 방과 후 물리 실험 및 공통 과정에 있는 생물 실험 교시를 들으러 다니다 보면 수능은 준비할 수 없게 된다.

의대에 가고 싶은 학생에게 가장 중요한 것은 수능인데 정작 고등학교에 가면 3학년 때는 수능과 담을 쌓고 지내야 하는 상황이다. 수능최저기준을 맞춰서 수시로 의대에 가거나 수능 공부를 잘해서 정시로 의대에 가라고 한다면 과연 맞는 말인가? 3학년 때 이런 일이 벌어질 줄도 모르고 1~2학년 학생은 내신에 전력하고 있다.

중학생은 의대 입시 현실을 모른 채 막연하게 이렇게 생각한다. '되도록 센 학교에 가는 게 좋은 거 아니야?', '영재고 찍고 의대 가는 게 좋은 거 아니야?', '전국 자사고 가서 의대 가는 게 유리한 거 아니야?'라고 말이다. 현실을 너무나 인지하지 못하고 있다. 외대부고에 가서 전교 15등을 해도 의대에 진학하기 어려울 수 있다. 외대부고에서 수시 학종으로 의대를 가려면 적어도 전교 10등 안에는 들어야 가능성이 크다. 그 등수에 든 학생만 3학년이 되면 선택 과목을 매우 다양하게 했을 때 학종으로 의대를 가는 데 +α가 되는 것이지 나머지는 그렇지 않다.

그런데 마치 그렇게 해야 의대 합격의 필수 조건인 줄 알고 맹목적으로 고등학교 수준이 높으면 된다고 잘못 생각한다. 누울 자리를 보고 발을 뻗어야 한다. 외대부고에 진학하려는 학생은 그곳에서 과연 전교 10등 안에 들 수 있는지를 먼저 따져봐야 한다. 중학생은 1등급이 10%로 바뀌었으니 자신이 확실히 1등급을 받을 수 있을지 계산해봐야 한다. 그렇다고 해도 2~3학년 때 고교학점제하에서 수능과 상반된 자사고 교육과정 속에서 혼자 수능 공부를 감당할 수 있는지까지를 진지하게 고민해보고 자사고 진학을 결정해야 한다.

전국 단위 자사고이기는 하지만 의대 합격자 수가 매우 적은 하나고를 살펴보겠다. 전국 단위 자사고인데 왜 의대 합격률이 낮을까? 하나고는 설립 방침부터 민사고와 동일하게 국제학교를 표방해서 만든 학교이다. 지금도 국제학교처럼 운영되고 있다.

먼저 국어, 수학, 영어를 확인해보니 모두 1학년 때 1, 2학기에 나눠서 배운다. 이 부분은 일반고와 동일하다. 그리고 2학기가 되면 영어권 문화나 영미문학 읽기를 하나 더 하기도 한다. 이런 과목은 주로 문과 학생이 선택할 것이다. 2학년 1학기가 되면 국어는 문학을 1년 동안 하고 화법과 작문, 언어와 매체를 한 학기씩 한다. 그러면 의대 진학이 목표인 학생은 언어와 매체를 선택할 테니 2학년 1학기 때는 수능 과목이 아닌 화법과 작문을 배우게 된다. 그리고 국어에서 추가로 독서와 사고를 배운다. 이런 과목은

• 하나고 국·수·영 교육과정

교과	1-1	1-2	2-1	2-2	3-1	3-2
국어	국어	국어	문학 화법과 작문 독서와 사고	문학 언어와 매체 독서와 사고	심화국어 고전 읽기	
수학	수학	수학	수학1 확률과 통계 심화수학1 기하 이산수학 AP통계학	수학2 확률과 통계 심화수학1 기하 심화수학2 선형대수 AP통계학	응용수학탐구 통합수학1 수학연습1 심화미적분학1 AP미적분학1 수학과제 탐구	
영어	영어	영어 영어권 문화 영미문학 읽기	영어1 심화영어독해1 영미문학1 영어 프레젠테이션	영어독해와 작문 심화영어독해2 심화영어회화1 영미문학2 영어 프레젠테이션	심화영어1 심화영어 작문1 시사영어 영어 비평적 읽기	

간접적으로는 수능에 도움이 된다.

수학은 수학1·2, 확률과 통계를 하는데 일반고와 같다. 그런데 수학에서는 심화수학1 혹은 기하와 심화수학2를 더 하게 된다. 수능 과목이 아닌 걸 더 하는 것이다. 이 과목들은 하나고가 서울대 공대 가는 데 쓰이는 과목인데 정작 의대에 가려는 학생에게는 필요하지 않다. 물론 하나고에서 전교 10등 안에 들면 학종으로 의대에 진학할 수는 있다. 그런데 의대를 목표로 하나고에 진학했는데 전교 15등이라면 어떨까? 당연히 의대에 진학하기는 어려워진다. 그러면 정시로 의대에 가도록 수능 과목을 공부해야 하는데, 수능 과목이 아닌 기하를 열심히 공부하고 있다면 혼란스럽지 않을까?

다음으로 인공지능을 위한 이산수학, 인공지능을 위한 선형대수가 있다. 조금 전 서울과학고에서 본 과목인데 역시 AP통계학 같은 과목을 골라야 한다. 그리고 영어에는 영어1, 영어독해와 작문, 심화영어 등이 있다. 그리고 3학년 1학기가 되면 심화국어, 고전 읽기가 있고, 수학에는 응용수학탐구, 통합수학1, 수학연습2, 심화미적분학1, AP미적분학, 수학 과제연구가 있다. 수능과 겹치는 과목이 없다. 더 심각한 문제는, 하나고 학생은 모두 기숙사 생활을 해야 한다는 점이다. 한 달에 한 번씩만 집에 갈 수 있어서 학원에 다니는 것도 불가능하다. 학원에서는 일주일에 1~2회 정도 반복적으로 수업하는데 한 달에 한 번씩 집에 가면 학원에 다니는 것은 불가능하다. 3학년이 되면 수학1·2를 해야 하는데 학교 수업에는 없다.

사회, 과학 중에서 과학은 통합과학을 1학년 1학기에 모두 끝낸다. 실험과 물리학1, 생명과학1은 1학년 2학기 때 수업하고 화학1, 지구과학1은 2학년 1학기 때 끝낸다. 그러면 하나고 학생들은 다른 학교와 달리 2학년 2학기, 3학년 1학기, 3학년 2학기 동안 수능 관련 공부를 전혀 하지 않은 채 수능을 봐야 한다. 만약 생명과학1, 지구과학1을 본다고 치면 생명과학1은 2년 동안, 지구과학1은 3학기 동안 수업을 하지 않은 채 수능을 봐야 한다. 3학년 때는 관련없는 것만 수업한다. 수능과는 전혀 상관없는 응용생명과학탐구, 응용지구과학탐구, 전산물리학, 전자기학 및 실험, 현대 물리학, 심화화학, 유기화학, 고급 생명과학, 에너지환경과학을 배운다.

하나고에서 학종으로 서울대 의대나 연세대 의대를 노리는 학생은 전교 1~2등을 하고 혼자 수능 공부를 하면 도움이 되겠지만, 전교 15등이 정시로 의대에 간다는 건 쉽지 않다. 그래서 하나고에 가려는 중학교 3학년은 내신으로 1등급을 받을 정도로 준비가 되어 있어야 하며, 수능을 다 끝내 놓고 입학해야만 의대에 갈 수 있다. 결국 의대에 진학하는 것이 목표라면 하나고는 좋은 선택이라 하기 어렵다.

• 하나고 탐구 교육과정

교과	1-1	1-2	2-1	2-2	3-1	3-2
사회	통합 사회	통합사회	경제 세계지리 세계사 윤리와 사상 정치와 법 AP미시경제 사회과제연구	경제 세계지리 현대사회와 철학 국제정치 국제법 AP거시경제 사회과제연구 AP세계사	사회문화 생활과 윤리 AP세계사	사회문화 생활과 윤리 세계 문화와 미래사회
과학	통합 과학	과학탐구 실험 물리학1 생명과학1	화학1 지구과학1 생활과 과학 물리학2 생명과학2 AP화학1 AP생물학1 프로그래밍 과학과제연구	화학2 지구과학2 AP화학2 AP생물학2 AP컴퓨터과학A 과학과제연구 고전역학	응용생명과학탐구 응용지구과학탐구 전산물리학 전자기학 실험 현대물리학1 심화화학 유기화학 고급생명과학 에너지환경과학 자료구조와 알고리즘	응용생명과학탐구 응용지구과학탐구 전산물리학 전자기학 실험 현대물리학1 심화화학 유기화학 고급생명과학 에너지환경과학 인공지능과 미래사회

다시 한번 강조하지만, 경쟁이 치열한 고등학교는 수능 공부를 더 할 수 없게 막는 구조이다. 2학년, 3학년으로 올라갈수록 수능이 아닌 심화 과목 위주로 교육과정이 구성되어 있고 실험 수업도 하는 데다 서술형 방식으

로 수행평가까지 철저하게 운영하기에 수능 공부를 학생 혼자 몰래 하는 것은 매우 어렵다. 또 대부분 기숙사를 운영하고 있어서 학원에 다니기도 힘들다. 따라서 어느 학교를 가든 현재 중학생은 고등학교에 입학한 뒤에는 수능 준비가 불가능하다는 점을 알고 있어야 한다. 그나마 자사고나 특목고보다는 낫지만 대부분 일반고에서도 수능 준비를 철저하게 혼자서 할 수밖에 없다. 또 이런 부분 때문에 선생님 눈치를 많이 보게 된다. 학생이 "학교에서는 이걸 공부하지만 저는 수능 공부를 할래요."라고 말하면 선생님한테 혼나는 경우가 많다. 학종과 수능은 상극이라는 걸 명심해야 한다.

여기까지 정리하면, 의대 입시에 유리한 고등학교는 그나마 수능을 강조해주는 고등학교라는 것이다. "3학년 때 수학1·2를 못 해줘서 미안하지만 너희들이 이 과목을 공부할 환경만큼은 마련해줄게. 일찍 끝내줄 테니 학원 가서 공부해."라든지, "방과 후 학교에 수학1·2를 개설해서 적어도 EBS 수능특강과 수능완성은 끝내줄게." 등 수능에 도움을 주는 학교를 찾아야 한다. 하지만 이런 학교가 어디 흔한가. 여러모로 어려운 우리나라 고등학교의 실정이다.

의대 목표 세우기

- 중학교 때 수능 실력 갖추기 완성
- 고등학교 때 내신과 수능 득점 능력 유지

수능 준비

❸ 고등학교 1학년

내신과 수능 공부 비중은 동일하게

이제 고등학생이 수능을 어떻게 대비해야 할지 살펴보자. 1학년 학생은 2~3학년 때 수능 공부를 하기가 힘들다는 사실을 자각하는 것이 가장 중요하다. 그래서 1학년 때도 내신과 수능, 특히 의대에 가려는 학생이라면 내신과 수능 공부 시간 비율을 5:5로 유지해야 한다. 내신은 학교에서 하면 된다. 수학은 수학 상을 1학기 때, 수학 하를 2학기 때 하니까 지금이 2학기라면 수학 하를 학교에서 수업 듣고 복습하고 공부하며 내신 기출을 풀면 된다.

학원은 조금 다르게 해야 한다. 학교에서 배우는 수학 상·하를 보충하는 학원에 다니기보다는 수학1·2를 까먹지 않도록 조금 더 심화하고 연습할 수 있는 학원에 다니라고 권하고 싶다. 의대에 가려면 인강으로라도 수학1·2를 들어야 한다. 공대 지망생은 내신을 잘해서 수능최저기준이 없는 곳으로 가면 되므로 수학 상·하만 해도 된다. 그러나 의대가 목표라면 일단 수능에서 1등급을 받아야 하므로 반드시 1학년 때도 내신과 함께 절반은 수능 공부를 해야 한다. 그래서 1학년 때 수학 상·하가 아니라 2학년 내신에 해당하는 수학1·2를 학원이든 인강이든 혼자서든 까먹지 않도록 계속 공부해야 한다. 주중에는 학교와 학원에서 내신 과목을 공부하고 주말을 이용해 수학1·2의 개념을 정리하고 기출문제 푸는 걸 지속해도 된다. 어떤 식으로든 내신과 수능을 같이 준비해야 한다.

의대를 지망하는 고등학교 1학년이라면 수학은 반드시 일주일에 한 번 정도 수능 모의고사나 기출문제 풀이를 하고 채점, 등급 확인, 오답 정리까지 해야 한다. 스스로 필요성을 느끼면 시간이 얼마 들지 않는 일이다. 수학1·2가 주력인 고등학교 2학년 기출문제나 모의고사 기출문제는 30문제밖에 안 된다. 100분에 30문제를 풀고 채점하면 된다. 만약 9월 모의고사를 풀었다면 인터넷으로 작년 9월 모의고사 등급이 몇 점인지, 1등급이 몇 점대에서 끊겼고 자신은 몇 점이고 몇 등급인지 확인하면서 오답을 정리하는 식이다. 시간이 얼마가 들어도 해야 한다. 1학년 시기에 이렇게 하지 않으면 2~3학년 때 수학1·2 공부가 만만치 않다. 수능 공부가 갈수록 힘들어진다는 걸 깨닫고 미리 시간을 배분해야 한다.

그리고 내신 시험이 끝나는 날 바로 수능 공부를 시작하는 게 굉장히 중요하다. 예를 들면 5월 1일에 중간고사가 끝났다면 그날부터 바로 수능 공부를 시작해야 한다. 적어도 기말고사가 7월 초이니 두 달 정도 여유가 있다. 그러면 5월 한 달 동안 수학1·2를 공부하고, 학교에서는 수학 상 진도에 따라 복습하고, 남는 시간에 학원이나 인강을 활용해 반드시 수학1·2를 해서 수능 공부가 끊이지 않게 해야 한다. 수능 준비를 하루도 빠짐없이 꾸준히 해야 하는 이유는 그만큼 중요하기 때문이다. 수능 공부 총 시간이 똑같다고 하더라도 하루에 10시간 몰아서 하는 것보다 매일 한 시간이나 한 시간 반씩 꾸준히 공부하는 게 훨씬 도움이 된다.

1학년 때는 이 정도로 수능 과목을 공부하겠다는 각오가 되어 있어야 한다. 그리고 지금 해두는 수학1·2 공부는 수능뿐 아니라 2학년 내신에도 도움이 되니 내신 시험이 있는 달에는 내신 위주로, 내신 시험이 끝난 달에는 반드시 수능 위주로 공부하는 패턴을 유지하는 것이 좋다. 그렇게 하면 1년에 6개월은 내신 위주로 공부하고, 나머지 6개월은 수능 위주로 충분히 공부할 수 있을 것이다.

그런데 이때 부모님이나 학교에서 내신만 너무 강조하면 어떤 일이 생길까? 아이들이 수능을 제쳐두고 내신에 과도하게 힘을 쏟는다면? 5월 1일 내신이 끝나면 한 달간 놀 궁리만 하게 된다. 4월 내내 고생해서 내신을 준비했으니 5월에는 수행평가 등을 하면서 좀 쉬다가 6월에 기말고사를 대비하겠다고 생각하는 것이다. 하지만 그런 생각을 하는 순간 일단 의대 합격과는 이별한다고 생각해야 한다. 4월 한 달 동안 내신 관리에 몰두했으면 5월에는 수능에 전념하는 게 맞다. 의대에 가려면 수행평가도 너무 열심히 할 필요가 없다. 어차피 등수가 안 되면 갈 수 없기 때문이다.

외대부고, 상산고에서 전교 10등이나 15등, 일반고에서 전교 5등 안에 들지 못하면 아무리 세특이 좋아도 절대로 의대에 갈 수 없다. 그러니 일단은 내신 등수를 사수하는 데 초점을 맞춰야 한다. 그래서 보통 5월에 진행되는 수행평가는 내신에서 감점이 안 될 정도로만 준비하면 된다. 특히 1학년은 비교과를 조금 미뤄도 된다. 1학년 때 일단 전교 1등을 하고, 그 등수를 2학년 때도 유지하면서 필요한 비교과를 하면 된다. 반장도 동아리 활동도 되도록 2학년 때 하는 게 맞다.

1학년 때 동아리 활동, 수행평가, 반장 하느라 바빠서 1등 할 기회를 놓치고 5등을 하면 2학년 때 아무리 비교과 활동을 많이 해도 의대 입학은 불가능에 가깝다. 일반고에서 전교 5등이 의대에 가는 건 낙타가 바늘구멍에 들어가는 것과 맞먹는다고 할 수 있다. 1학년, 2학년 때 해야 할 일의 순서를 절대 바꾸면 안 된다. 1학년 때는 일단 내신과 수능 둘 다 공부하는 데 전력해야 한다. 그동안 자신이 다니는 학교에서 의대에 몇 등까지 갔는지 확인하고 그 정도 내신 등수를 받는 데 몰두하자. 내신이 아닌 기간에는 수능 공부를 해서 무조건 수능 1등급을 유지해야 한다. 특히 내신 준비를 하지 않는 기간에 비교과를 미루더라도 수학1·2를 공부할 시간을 충분히 확보해야 한다. 이것이 고등학교 1학년의 의대 준비 첫걸음이라고 보면 된다.

고등학교 입학 후 수능 준비는

- 철저히 개인이 해야 한다.
- 학교가 하라는 것과 배치된다.
- 학종과 수능은 상극이다.
- 의대 입시에 유리한 고교는 → 수능을 강조하는 고교이다.

고1 내신 준비 방법

1. 내신과 수능 → 공부 비율 루틴 유지

내신 50%(학교) : 수능 50%(학원 + 인강)

주중 내신 : 주말 수능(개념 + 기출문제 풀고 오답 정리)

2. 내신 시험 마지막 날 수능 공부 시작

기말고사 마지막 날 일찍 귀가 → 점심 먹고 수능 공부 시작

고1-1 기말고사 범위 도형의 방정식

수능 공부 = 수학1(2028=대수) 공부

수능 준비

❹ 고등학교 2학년

수능 공부에 몰두하기

2학년이 되면 본격적으로 수능 공부를 해야 한다. 2학년 학생이 꼭 기억해야 할 것은 2학년 교육과정에 수능과 일치하는 과목이 가장 많다는 점이다. 2학년이 되었다는 건 1학년 성적을 확인했다는 의미이다. 1학년 성적을 바탕으로 크게 세 부류로 나눌 수 있다. 우선 1학년 때, 재작년부터 수시로 의대에 진학한 선배가 몇 명인지 확인해야 한다고 언급한 바 있다. 만약 어느 학교에서 작년에 수시로 2~3명이 의대에 갔다면 지금 2학년이 3학년이 되었을 때도 2~3명만 수시로 의대에 갈 수 있다는 말이다. 그렇다면 결론은 교과전형 위주로 갔다는 것이고, 일반고일 확률이 높다.

그런데 자신의 1학년 내신이 전교 7등이라면 어떨까? 사실상 남아 있는 2학년 1, 2학기 동안 7등에서 3등 안으로 진입하는 건 어렵다. 그렇다면 이 학생은 무슨 생각을 해야 할까? 수시로 의대에 가는 건 어렵다고 생각해야 하는 것이 첫 번째이다. 그리고 '나는 2학년부터 3학년처럼 정시를 준비해서 수능으로 의대에 가야겠다.'고 생각해야 한다. 한마디로 의대 정시파에 가까워지는 것이다. 이러한 학생이 첫 번째 부류이다.

1학년 내신이 전교 2등인 학생이라면 '나는 수시로 의대에 갈 수도 있겠다. 우리 학교 선배들이 2~3명은 수시로 의대에 갔으니까 나도 가능성이 있을 거야.'라고 분석하면서 2학년 때 내신과 수능을 병행해야 한다. 고등학교 2학년 시기에 의대를 목표로 하는 학생은 이렇게 두 부류밖에 없다.

마지막은 논외로 해야 하는데, 바로 의대를 포기해야 하는 부류이다. 앞선 두 부류를 제외한 나머지는 의대를 포기하는 학생들이다. 전교 7등인데 '작년에 우리 학교에서 수시로 서울대, 연·고대, 서·성·한까지는 갔네.'라면서 의대 가는 걸 포기하고 학종을 준비하는 것이다. 세 번째 부류는 갈팡질팡하다가 결국은 의대 진학에 실패할 확률이 굉장히 높다. 그래서 이 책에서는 세 번째 부류 학생은 언급하지 않겠다. 세 번째 부류를 생각하는 순간 의대를 포기하는 거나 마찬가지인 셈이다.

만화 『슬램덩크』를 보면 "포기하는 순간 시합은 끝난다."라는 아주 유명한 대사가 나온다. 의대에 가겠다고 외치던 학생이 수시로 의대에 못 갈 것 같으니까 '수시로 서·성·한이라도 가야지.'라고 생각하는 순간, 정말로 의대에 못 가게 된다. 왜냐하면 수능 성적이 안 되기 때문이다. 1학년 때 전교 7등이면 수시로 의대에 못 가니 정시에 전념하는데, 그러려면 2학년 때부터는 정시에 모든 걸 쏟아부어야 한다. 그래야 일말의 가능성이라도 생긴다. 그런데 2학년 때 엉뚱하게 '의대에 못 가면 학종으로 서·성·한에 가야지.'라고 생각한다면 2학년 동안 수능에 몰입하지 못하게 된다. 앞에서 살펴보았듯이 3학년 때는 학교에서 수능 과목을 가르쳐주지 않는다. 수능 공부하기가 더 힘들어진다. 이런 악조건에서 어떻게 의대에 갈 수 있겠는가. 그러니 '포기하면 의대는 끝'이라는 점을 꼭 명심하자.

세 번째 부류는 제외하고 첫 번째와 두 번째 부류 학생을 좀 더 살펴보자. 첫 번째 부류는 아직 내신으로 의대에 갈 가능성이 있다. 이들은 2학년 때 내신 등수를 유지하면서 나머지 6개월간 1학년 때처럼 시간을 내서 내신과 수능을 50:50 비율로 공부해야 한다. 그리고 내신과 수능이 일치하는 과목을 완벽하게 준비하겠다는 구체적인 계획이 있어야 한다. 내신과 수능이 일치하는 과목은 국어에서는 문학과 독서, 수학에서는 수학1·2, 과학에서는 자신이 선택한 두 과목이다. 만약 물리1, 화학1, 생명과학1을 내신에서 선택했고, 수능에서는 화학1, 생명과학1을 볼 예정이라면 내신을 준비할 때도 화학1과 생명과학1을 좀 더 완벽하게 준비해야 한다.

머릿속에 '나는 수학1·2는 반드시 1등급을 받겠다.'는 생각이 깊숙이 자리 잡고 있어야 한다. 수능 과목과 내신이 겹치니 그야말로 전력을 다해야 한다. 과학에서 물리1, 화학1, 생명과학1을 했는데 화학1, 생명과학1을 수능에서도 본다면 그 과목은 반드시 1등급을 받아야 한다. 과학은 1학년 때보다 2학년 때 1등급 받기가 힘들다. 문과 학생들이 과학을 하지 않으니 1등급 모집이 반으로 줄어든다. 학생 수가 300명인 학교는 1학년 때 통합과학 300명 중에서 4%, 즉 12등까지가 1등급인데 2학년이 되어 이과 인원 반만 남는다면, 그리고 또다시 물화생지를 나눠서 선택하면 어떻게 될까?

그러면 물1, 화1, 생1은 최대가 150명이고, 심지어 100명이 안 되는 경우도 생길 수 있다. 그러니 만약 세 과목에서 두 과목을 반드시 1등급 받아야 한다면 수능 과목과 일치하는 과목에서 1등급을 받으려고 노력하자.

혹시 2등급이 나오더라도 수능 안 볼 과목에서 2등급이 나오는 게 낫다. 어느 과목을 먼저 공부할지 선택할 때 이 점을 기준으로 하자. 수학을 더 살펴보면 학교마다 다르겠지만 어떤 고등학교는 2학년 때 수학1·2와 함께 확률과 통계까지 하기도 한다. 모두 1등급을 받으면 좋겠지만 힘들다면 확률과 통계는 2등급을 받더라도 수학1·2는 반드시 1등급을 받도록 공부해야 한다. 수학1·2는 내신에도 의미가 있지만 수능 공부에도 도움이 된다. 확률과 통계는 내신 과목이지만 수능 과목이 아니므로 수능 과목을 먼저 준비해야 한다. 이 부분을 꼭 명심하자.

두 번째 부류는 내신으로 의대에 갈 확률이 낮은 학생들이다. 전교 8~10등인데 최근 2~3년간 수시로 의대에 진학한 선배가 2~3명밖에 없다고 가정해보자. 2학년 때 전체 과목을 1등급 받더라도 전교 2등 안에 들기는 어렵다. 그러면 수시로 의대에 갈 가능성이 낮다고 봐야 한다. 그래서 정시 위주로 준비하되, 철저하게 내신을 준비하고 수능과 일치하는 과목 위주로 공부해야 한다. 국어는 문학과 독서를 완벽하게 대비해서 내신 1등급을 받으려고 애써야 하고, 수학1·2는 기필코 내신 1등급을 받아야 한다. 그 대신 확률과 통계나 기하를 한다면 이 과목들은 크게 신경 쓰지 않아도 된다. 과학에서는 반드시 수능 볼 두 과목 위주로 내신 대비와 수능 공부를 같이 하자.

한 가지 더 주의할 점은, 내신에 집중해서 공부하다 보면 학기별로 배분된 내신 과목에만 치중하기 쉬운데 그렇게 공부하면 도움이 되지 않는다. 문학이 2학년 1학기, 독서가 2학년 2학기 내신 과목이면 2학년 2학기에는 독서만 신경 쓰느라 자칫 문학 과목을 소홀히 할 수 있다. 의대 정시파라면 내신을 준비할 때 2학기에 독서 과목을 1등급 받으면서 문학 공부할 시간도 계속 일정하게 배분해야 한다. 사실 2학년 때는 내신 위주로 살지 말고 재수생같이 사는 것이 좋다.

정시로 의대를 노려야 하는 학생을 '정시 파이터' 혹은 '정시파'라고 부른다. 이들은 고등학교 3학년이나 재수생처럼 학교 과목이 무엇이든 상관없이 수능 과목을 최우선으로 공부해야 한다. 그렇기 때문에 굳이 문학과 비문학을 분리하지 말고 수능 국어를 하루에 두 시간 공부하고, 수능 수학도 하루에 두 시간, 수능 볼 과학 두 과목 역시 하루에 두 시간 정도 공부한다고 계획을 잡아야 한다. 이게 고등학교 3학년이나 재수생처럼 살면 된다는 뜻이다. 나머지 내신 과목은 학교 수업을 열심히 듣고 벼락치기를 해보는 것도 방법이다. 그 정도로만 '예의'를 지키면서 공부하고 자기가 쓸 수 있는 모든 시간과 노력을 수능 공부에 쏟아야 한다. 그래서 고등학교 2학년 기준으로 의대에 맞는 입시 지도가 필요하다. 그러려면 1학년 때 성적을 보고 수시로 의대를 갈 수 있는지 아닌지 누군가 판단해줘야 한다. 스스로 판단하기 힘들면 진학 담당 선생님이나 담임 선생님, 교감 선생님께 상담을 요청하거나 학부모님들이 선배들에게 물어보든지 해서 우리 자녀가 다니는 고등학교에서 작년, 재작년, 3년 전에 수시로 의대에 몇 명 갔고,

정시로 몇 명이 갔는지 반드시 확인해야 한다.

『의대 합격 따라 하기』가 출간되면 전국 고등학교별 의대 진학 학생 수를 확인할 수 있도록 홈페이지를 운영할 예정이다. '피기맘' 홈페이지에 업로드할 텐데 확인되지 않는 학교가 있다면 학부모님들이 올려주시기를 바란다. 지금 고등학교 1학년이 아는 정보를 업로드하면 나중에 중학생들에게 도움이 될 것이고, 지금 고등학교 3학년이 올려놓는 자료는 또 그 후배들에게 도움이 될 것이다. 그러면 정보의 선순환이 이루어지고학생 자신이 입시 전략을 짜는 데도 도움이 된다. 집단지성을 발휘해보자.

전국 고등학교에서 학교별로 몇 명씩 의대에 수시와 정시로 진학했는지 아는 것은 대단히 중요하다. 지금 고등학교 2학년부터는 의대 모집 인원이 늘어나 5,000명을 뽑는다고 하면 전국 고등학교가 2,000개이니 평균적으로 학교당 수시, 정시, 재수생까지 다 합쳐서 2~3명이 의대에 가야 한다. 그런데 그중에서 휘문고, 상산고처럼 100명 이상씩 의대에 보내는 고등학교도 있다. 결국 수시로 의대에 한 명도 못 보내는 고등학교도 꽤 많다는 이야기가 된다. 따라서 2학년의 핵심은 1학년 성적을 바탕으로 과연 수시로 의대에 진학할 수 있는지 확인해야 하고, 이후에 수시로 의대에 갈 성적이 되는 학생과 수시로 의대에 갈 성적은 아니라고 확인된 학생의 2학년 학습 전략이 달라야 한다. 그 분수령이 되는 것이 학교마다 의대에 진학한 학생 수이기에 매우 중요한 자료인 것이다. 필자는 의대 입시의 성패가 여기에 달려 있다고 생각한다.

물론 중학교 때 수능 준비를 얼마나 완벽하게 했는지가 학습 면에서 큰 영향을 주겠지만 남아 있는 고등학교 3학년까지 2년 동안 의대 진학 준비를 어떻게 할지는 사활이 걸린 문제이다. '나는 의대는 못 가는 한이 있어도 수시가 더 중요하니까.'라는 생각이 들 때마다 정말 중요한 게 '의대 진학'인지 '수시'인지를 잘 판단해야 한다. '의대에 가는 것보다는 수시로 대학 가는 게 더 중요하니까 서·성·한 공대라도 갈 수 있게 2학년 때도 학종을 준비할래.'라고 한다면 의대는 포기하는 것과 마찬가지이다.

이렇게 의대를 포기한 학생들은 이 책을 더 볼 필요가 없다. 책을 덮고 서·성·한 공대에 갈 준비를 하면 된다. 갈팡질팡해봐야 손해 볼 확률이 높기 때문이다. 3학년은 어떤 전략도 없다. 그저 수능에 몰두하면 된다. 고등학교 3학년 때에 관해서는 여기에서 구체적으로 언급할 필요가 없다. 그저 수능에 전념하는 방법이 전부이기 때문이다.

수능과 내신 공부 분배하기

- 내신과 수능이 일치하는 과목을 우선으로 공부한다.
- 수능 과목은 지나간 내신 범위도 지속적으로 학습한다.
- 내신과 수능이 일치하지 않는 과목은 기본만 한다.
- 의대에 맞는 입시 지도가 관건이다.
- 1학년 성적이 수시로 의대에 못 갈 수준이라면? → 정시 위주로 준비!

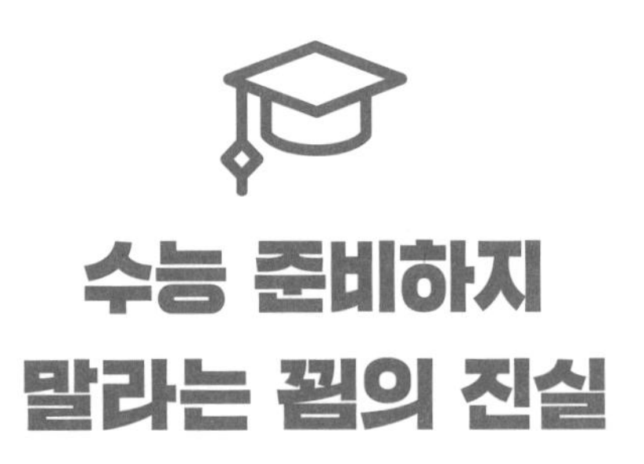

수능 준비하지 말라는 꾐의 진실

여기까지 말씀드리면 학부모님이나 학교 선생님 혹은 내신 학원 원장들까지 모두가 이구동성으로 수능 준비보다 내신이 더 급하다고 말한다. 학부모는 구체적 모집 인원과 입시 구조도 확인하지 않고 끌려다닌다. 학교 선생님은 학종을 유지해야 한다는 신념에서 개별 학생이 하는 학종 무시 행동을 용납하지 않는다. 문제는 내신 학원 원장들이다. 학생들이 수능 준비만 하면 손해 보는 사람들이기 때문이다. 내신으로 장사를 해야 하기 때문에 당연히 수능보다 내신이 더 중요하다고 세뇌한다.

의대에 가고 싶어 하는 학생에게 수능 공부보다 내신이 더 중요하다고 말하는 분들이 필자에게 이렇게 묻는다. "소장님, 수능 결과를 보면 항상 재수생이 현역 고3보다 수능 성적이 좋잖아요. 그래서 고3 중에서 정시로 의대 가는 학생이 얼마 없는 것이고요. 그러니까 애초에 고3 때까지는 그냥 수시를 준비하다가 그래도 의대에 가고 싶으면 재수하는 게 맞는 것 아닌가요?" 학생들에게 이걸 전략이라고 알려주는 사람을 과연 어른이라고 할 수 있을까? 재수생보다 고3 학생의 수능 성적이 잘 안 나오는 건 사실이다. 그렇다면 그 이유를 생각해봐야 한다.

부모님 세대 때는 정시만 있었고 고등학교 2~3학년 때 배우는 내용을 중심으로 입시를 치렀고 거기에서 떨어지면 재수를 하는 시스템이었다. 고등학교 3학년 내신이 수능 공부에 도움이 되는 형태였기에 재학생과 재수생 사이에 성적 차가 크지 않았다. 현재 고등학생은 1학년 때 수능 아닌 과목을 내신으로 한참 공부하다가 2~3학년이 되어서도 내신 과목 중 일부만 수능 과목이고 나머지는 수능 과목이 아니다. 그러니까 재수생과 비교하면 수능 과목을 공부할 시간이 절대적으로 부족하다. 부모님 세대 입시 공부의 반도 안 되는 시간을 투자해서 공부하니 하루 종일 수능만 공부하는 재수생과 격차가 큰 게 당연하다. 학종을 열심히 할수록 격차가 크게 벌어지는 현실임을 알아두자.

고3이 재수생보다 수능 성적이 안 나오는 이유는?

- 재수생이 1년 더 수능 문제 풀이를 한다.
- 정시만 있던 시절에는 차이가 작았다.
- 수시가 늘면서 차이가 벌어지기 시작했다.
- 학종을 강조하면서 차이가 더 크게 벌어졌다.
- 학종을 포기해야 수능 성적이 잘 나온다!

앞서 언급한 '아이가 수능 공부하는 건 안 된다.'고 주장하는 사람들은 무언가 다른 생각이 있다. 학교 선생님이 볼 때 학생이 학교에서 수업하지 않는 과목을 공부하면 학교의 규칙과 질서가 깨지는 것처럼 여겨진다. 선생님은 이러한 상황이 불편할 것이고, 내신 학원 원장은 학생이 내신 공부나 물리2 등을 공부해야 하는데 수능 공부만 하겠다고 하면 내신 학원이 필요 없어지니 안 될 말이다. 그래서 '어차피 고3은 수능 공부를 해도 재수생한테 밀린다.'는 패배주의를 학생들에게 계속해서 주입하는 것이다. 일종의 가스라이팅인 셈이다.

이쯤 되면 학부모님도 둘 중 하나를 선택해야 하는데, 차마 선택을 하지 못하고 '일단 학종부터 해보자.'고 생각을 접는다. 이것이 문제이다. 된다면 하고 안 된다면 하지 말아야 하는데, 되든 안 되든 일단 해보자고 해서 의대를 목표로 했던 많은 학생이 결국 3학년 때 대거 의대를 포기하는 길로 들어서고 만다. 고등학교 2학년 수능 준비 방법에서 '포기하면 의대는 끝난다.'고 이야기했는데, 바로 그 길을 택하는 것이다. 한번 포기하고 학종으로 의대를 접는 순간 '학종으로 서·성·한 공대라도 가지 뭐.'라는 생각으로 기울어질 가능성이 상당히 높다.

공대 학종을 노리는 학생이라면 수능 공부를 안 해도 된다. '수능을 안 해도 된다.'와 '수능을 안 하면 의대에 못 간다.'는 말 중에 어느 쪽이 더 달콤하게 들릴까? 당장 내신과 수능에 시달리는 아이들의 귀에는 '수능 안 해도 된다.'는 말이 더 달콤하다. 학종으로 서·성·한 공대 가는 게 더 달콤한 선택인 것이다. 아직 미성년자인 학생들은 당장 달콤해 보이는 길을 택하기가 쉽다. 그래서 "고3은 수능이 안 되니까 학종이나 내신을 더 열심히 해."라는 말을 듣는 것이다. 그러면 학생들은 고등학교 3학년 때 수능이 아닌 과목만 공부하게 되고, 오히려 수능 공부에 방해가 되는 비교과 준비에 시간을 더 쓰게 된다. 원래도 수능 공부 시간이 부족했던 학생은 의대를 포기하는 쪽으로 방향을 바꿀 수밖에 없게 된다. 수능 공부 시간을 줄이니 수능에 더 자신이 없어지고, 재미도 없고, 어차피 해도 의대는 못 갈 것 같고, 연·고대 수능최저기준은 맞출 수 있을 것 같으니 '수능 공부하는 시간을 빼서 책 하나 더 읽고 학종을 준비하는 게 맞지 않을까?' 하는 잘못된 생각을 거듭하면서 수능 포기를 받아들인다.

고등학교 2학년 때부터 절대적인 수능 학습 시간이 줄어들면 재수생과 격차가 더 벌어진다. 학종을 강조할수록 수능 공부 시간이 더 줄어든다. '학종을 버려야 수능이 잘 나온다.'는 말을 명심해야 한다. 그리고 학종을 포기할지 말지 결정하는 기준은 고등학교 1학년이나 2학년 성적으로 판단하면 된다. 자신이 다니는 학교에서 작년, 재작년에 수시와 학종으로 의대에 간 선배가 몇 명인지 체크하고 자신이 거기에 해당하지 않을 것 같으면 빨리 수능에 몰두하자. 이 판단은 빠를수록 좋다.

덧붙여 말하면 '의대 갈 성적은 안 되지만 열심히 학종을 준비하면 서울대나 연·고대는 갈 수 있지 않을까?'라는 미련을 버리자. 실제로 의대에 가는 것보다 더 힘들 수 있다. 일반고에서 의대에 못 갈 내신을 받았다는 건 서울대도 못 간다는 것과 다름없다. 그렇다면 연·고대에 가야 하는데 잘 생각해봐야 한다. 연·고대는 정시로 수학 1등급, 국어와 탐구 2등급 정도면 갈 수 있다. 만약 의대를 희망하는 일반고 학생이라면 적어도 모의고사에서 1등급, 2등급이 번갈아 나오는 성적을 받았을 것이다. 그 정도는 받아야 수능최저기준을 맞출 수 있다. 그러니 의대를 희망하는 현재 고등학교 2학년이거나 1학년 중간 정도 시기를 지나고 있다면 모의고사 성적이 정시로 연·고대에 갈 만한지 판단하는 굉장히 중요한 잣대가 된다.

만약 정시로 연·고대 공대 정도는 갈 수 있는 성적이라면 굳이 수시 학종으로 연·고대에 가려고 수능 공부 시간을 줄여가면서 보고서를 쓰거나 수능이 아닌 내신 공부에 시간을 할애할 필요가 없다. 수능 공부 시간을 줄여 모의고사 성적을 떨어뜨려서 정시로 연·고대에 못 갈 성적을 만들 이유가 없는 것이다. 고등학교 2~3학년 때 수능에 전념하면서 정시로 충분히 서울대나 연·고대에 갈 만한 성적을 만드는 것이 오히려 합리적인 전략이다. 혹시라도 정시에서 의대에 못 갈 성적이 나오더라도 차선책으로 서울대나 연·고대에 갈 수 있으니 말이다. 그런 측면에서 의대를 지망하는 상위권 학생에게는 수시를 포기하는 것이 의대가 아니어도 대학을 가기에 훨씬 좋은 전략이라고 할 수 있다.

의대를 포기하는 나쁜 전략을 선택하지 말라고 했던 얘기를 이어가보자. 1학년 내신으로 의대에 갈 성적은 아니라고 판단될 때 '열심히 학종을 준비해서 서울대, 연·고대, 서·성·한이라도 붙어야지.', '수능 공부 시간을 줄여서 학종을 준비하면 훨씬 편할 거야.'라고 생각할 수 있는데 이는 잘못된 생각이다. 차라리 수시로 대학 가는 것을 포기하고, 의대를 목표로 수능 공부를 하루에 다섯 시간 정도 해서 수능 당일에 실수하거나 컨디션이 안 좋아서 몇 개 더 틀리더라도 의대는 못 갈지언정 서울대나 연·고대는 충분히 갈 만한 성적을 거둘 수 있다. 이것이 훨씬 현실적이고 효율적인 전략이다.

앞 장에서 의대 모집 인원, 수시 교과전형과 학종, 정시 세 가지를 비교해보았다. 특히 지방에서 지역인재전형을 노리는 학생들은 지방 의대의 지역인재, 특히 학종보다는 교과전형 모집 인원이 두세 배 많다는 걸 확인했다. 지방에 사는 일반고 학생이 '지역인재 의대라도 가려면 학종을 해야지.'라고 생각한다면 그 생각을 머릿속에서 싹 지워야 한다. 교과전형 지역인재로 대학에 가야 한다면 전부 다 수능최저기준이라는 조건이 붙어 있기 때문에 먼저 수능 등급을 철저히 관리해야 한다. '의대는 학종이 큰 의미가 없다.'는 것이 명확한 사실이다. 중학교 때부터 목표를 정확하게 설정하고 가기를 바란다.

의대는 대부분 내신 성적과 수능 성적으로 가는데, 학종까지 해야 한다는 부담을 없애려면 전교 1등만 하면 된다. 학종을 준비하려면 전교 1등을 해야 하는데, 그 이유는 전교 1등끼리 경쟁하는 학종 의대와 서울에 있는 명문 의대도 노려야 하기 때문이다. 그래서 전교 1등은 학종을 하는 게 의미 있지만, 전교 1등이 아닌 학생이 학종까지 준비하겠다는 건 무리일 수 있다. 그러다가 전교 3등을 하거나 수능최저기준을 못 맞출 수 있기 때문이다. 그래서 공부 순서를 따져보면, 전교 1등은 내신 때 내신을 하고, 내신이 아닐 때 수능 공부를 하고, 틈나면 비교과를 신경 써야 한다. 전교 2등 이하는 내신 때 내신을 하고, 내신이 아닐 때는 수능만 하고, 비교과는 기본만 하자. 정리하면, 학종 준비에 너무 신경 쓸 필요 없다는 이야기이다.

공대와 달리 의대 학종은 절대로 내신 성적을 비교과로 뒤집을 수 없다. "고3인데 수능 점수가 안 나올 것 같으면 포기하고 학종이나 해라." 이게 가장 나쁜 말이다. 의대에 가려면 절대로 해서는 안 되는, 말도 안 되는 소리이다. 의대는 전공적합이니 비교과가 중요한 것이 아니다. 일단 내신이 안 되면 갈 수 없고, 또 수능최저기준을 못 맞추면 못 간다. 그러니 의대 진학을 준비하는 학생의 공부 순서와 공대 진학을 준비하는 학생의 공부 순서는 명확히 다르다는 점을 꼭 기억해두기 바란다.

● 주요 의대와 공대 학종의 수능최저기준 비교

대학	의대 최저	공대 최저
서울대	없음	없음
연세대	2개1	2합5
고려대	4합5	4합8
가톨릭대	3합4	없음
성균관대	없음	없음
한양대	3합4	3합7
이화여대	4합5	없음
서강대	-	없음

대학	의대 최저	공대 최저
중앙대	없음	없음
경희대	3합4	없음
가천대	3개1	없음
한림대	3합4	없음
아주대	4합6	없음
인하대	없음	없음
경북대	3합4	없음
부산대	3합4	2합5

수능 지수는 어떻게 관리할까?

이제 수능 지수를 알아보자. 수능 지수를 알려면 모의고사 지수를 확인하면 된다. 고등학생은 1년에 4회(서울 학생들은 1년에 3회) 모의고사를 본다. 그 모의고사 지수를 확인해보자. 그러면 학부모님들이 질문한다. "모의고사는 실제 수능보다 떨어지지 않나요?" 맞는 말이다. 가장 큰 원인은 학생 스스로 내신만 하고 수능 공부를 안 하기 때문이다. 그래서 고등학교 1~2학년 학생들의 첫 번째 과제는 의대에 갈 내신을 유지하는 것, 두 번째 과제는 수능 모의고사 성적이 떨어지지 않도록 하는 것이다. 심지어 수능 모의고사 성적을 올리려고 해야 한다. 이때도 두 부류로 나뉘는데, 수시로 의대에 갈 수 있는 내신 상위권 A 학생과 수시로 의대에 갈 가능성이 없는 B 학생이라고 해보자.

A 학생은 내신과 수능을 모두 유지하도록 내신 기간에는 내신에 몰두

하고, 내신 아닌 기간에는 수능 준비를 철저히 해야 한다. 그리고 B 학생은 1년 내내 수능을 준비(수능 올인, 정시 파이터)해야 한다. 그러면 내신이 살짝 아쉬워 의대에 못 가게 된 학생이라면 어떻게 계획을 세워야 할까? 내신이 높아서 수시와 정시 둘 다 준비해야 하는 학생, 즉 내신과 수능을 동시에 준비해야 하는 학생이 1년에 6개월은 내신을 준비하고 6개월은 수능을 준비할 때 '나는 내신 공부에서 자유로우니 1년 내내 수능 공부를 해서 수능 모의고사 성적으로는 1등을 해야겠다.'는 각오를 다져야 한다. 내신이 좋은 학생을 수능 모의고사 성적으로 따라잡아야 하는 것이다. 수능 공부할 시간이 더 많으니 충분히 할 수 있다.

고등학교에 가면 성적표가 네 번이 아니라 여덟 번 나온다고 생각해야 한다. 중간, 기말, 중간, 기말 네 번과 3, 6, 9, 11월에 보는 모의고사 네 번, 합쳐서 여덟 번이다. 수시로 의대에 가려고 준비하는 A 학생이 중간고사와 기말고사에서 1, 2등을 할 때 B 학생은 3, 6, 9, 11월 모의고사에서 전교 1, 2등을 해야 한다. 그럴 각오로 수능 지수를 관리해야 한다.

의대를 목표로 하는 고등학교 1~2학년 시기에 수능 지수 관리는 매우 중요하다. 수능 모의고사 성적으로 전교 등수를 관리하고, 현재 자신의 모의고사 성적으로 정시 의대 진학이 가능한 곳이 어딘지, 혹시 안 된다면 어느 과목이 얼마나 부족한지를 계속 확인하면서 그 과목 위주로 학원을 다니든 과외를 하든 인강을 듣든 공부 시간을 잘 안배해서 정시로 의대에 갈 만한 성적을 만들어야 한다. 그래서 A 학생, 즉 수시로 의대에 갈 수 있는 학생은 둘 다 해야 하니 힘이 두 배로 드는 게 맞다.

'나는 확실히 정시 파이터로 의대를 노려야겠다.'고 노선을 정한 학생은 2학년 때부터 재수생처럼 살며 수능을 자신의 공부 모토로 삼자. 그렇게 2년을 보내면 앞서 언급했던 내신과 수능 둘 다 해야 공부하는 전교 1등보다 수능을 훨씬 잘 볼 것이다. 그렇게 되면 당연히 정시로도 의대에 갈 만한 성적을 받게 될 것이다. 이렇게 두 가지 수능 지수 관리를 생활화하는 게 굉장히 중요하다. 이를 엑셀로 기록하면서 확인하고 관리하는 걸 추천한다.

아래 표를 잘 활용하기 바란다. 시기는 모의고사 시기를 말하고, 과목은 당연히 수능 과목이다. 원점수, 표준점수, 학교 석차, 학교 응시자는 모의고

• 고등학생 수능 모의고사 지수 관리 예시

시기	과목	원점수	표준 점수	학교 석차	학교 응시자	학교 백분위	학교 등급	전국 백분위	등급	응시자	석차
고2 3월	국어	86	135	42	374	11%	2	96.51%	1	252,680	8,819
	수학	96	156	4	370	1%	1	99.76%	1	251,888	605
	영어	98							1		
	한국사	45							1		
	화학1	50	73	1	113	1%	1	99.19%	1	60,631	1(491)
	지구과학1	50	70	1	194	1%	1	98.88%	1	78,577	1(880)
	국수탐							99.22%		250,744	1,956

사 성적표에 나오는 것을 그대로 기록하면 된다. 학교 백분위는 학교 응시자 대비 나의 백분위이므로 엑셀로 계산해서 기록하자. 그리고 이 백분위에 따른 학교 등급도 기록해두고 학교 등급을 자신의 내신 등급과 비교해보자. 이것으로 내신보다 수능에 더 경쟁력이 있는지 확인할 수 있다. 전국 백분위와 등급, 응시자 수는 모의고사 성적표에 나온 대로 기록한다. 마지막으로 과목별로 자신의 전국 석차를 전국 응시자에 따라 계산해서 기록하면 된다.

표에서 화학1은 50점 만점인데 전국 백분위가 100%가 아닌 99.19%이다. 그 이유는 만점자가 491명이기 때문이다. 그래서 석차는 나머지 490명 만점자와 함께 공동 1등인 셈이다. 영어와 한국사는 관심을 끄자. 마지막으로 모의고사 성적표 오른쪽 아래에 나오는 '국수탐' 전국 백분위를 기록하고 응시자 수에 따라 백분위를 계산하면 현재 자신의 전국 석차를 확인할 수 있다. 샘플 학생의 '국수탐' 성적은 전국 99.22%이며 응시자 250,744명 중에서 1,956등이다. 의대에 충분히 도전해볼 만한 성적이다.

이 작업을 할 때 반드시 커다란 규격으로 나온 모의고사 성적표를 활용해야 한다. 학교에서 많이 사용하는 '리*스쿨' 성적표는 교내 석차가 안 나오고 영어의 비중을 너무 높게 잡아서 큰 의미가 없다. 이 학생의 다음 모의고사 목표는 수학 교내 1등, 국어 교내 1등급 이내 진입이다. 그러면 당연히 전국 백분위도 더 올라갈 것이다. 이 학생이 다니는 학교는 정시가 유리한 고등학교인 셈이다. 이렇게 자신의 성적을 분석하고 관리하는 것만으로도 수능 공부를 하는 데 동기부여가 된다.

이제 중학생의 공부 방법을 살펴보자. 중학생은 공식적으로 보는 모의고사가 없다. 하지만 의대를 노리는 중학이면 수능 선행을 충분히 할 테니 고등 과정까지 선행이 끝났다면 실제 시간을 설정해놓고 과목별 모의고사를 보는 것이 좋다. 수학은 100분, 국어는 80분으로 제한하고 혼자서 실제 모의고사처럼 문제를 푼 다음 나온 성적을 기록하면 된다. 다음 표를 예로 들어보겠다.

● 중학생용 수능 지수 관리표

시험일	과목	학년	시행연월	점수	등급	백분위
9-3	수학	1	23-9	84	1	95%
9-21	국어	1	23-9	76	2	89%

2023년 9월에 시행한 고등학교 1학년 수학 모의고사를 풀고 채점하니 84점이다. 등급은 1등급, 백분위는 95%이다. 1등급에 턱걸이한 셈이다. 작년에 고등학교 1학년 선배들이 본 모의고사 결과와 비교하면 자신이 상위 5% 정도임을 알 수 있다. 국어도 마찬가지이다. 국어는 범위가 특정되어 있지 않다. 국어 시험 역시 고등학교 1학년 모의고사를 봤다고 가정하고 76점을 받았으니 백분위 89%이고 2등급 끄트머리임을 알 수 있다. 현재 기준으로 수학보다 국어가 더 낮다는 것을, 작년에 모의고사를 본 같은 학년 선배들과 비교한 수치로 알 수 있다. 이렇게 하면 자신이 고등학교 1학년이

됐을 때도 여전히 국어가 낮을 가능성이 높다는 걸 자각하게 된다.

부모님이 "수학은 어느 정도 점수가 나오니까 국어를 더 보완해야 하는 거 아니니?"라고 아무리 말해봐야 중학생 사춘기 자녀의 귀에는 들리지 않는다. 수학이 1등급, 국어가 2등급이라는 것은 수학이 더 재미있다는 뜻이다. 수학, 국어 두 과목을 모두 하고는 있겠지만, 수학은 할 만하고 국어는 못 하겠다고 생각할 것이다. 그러나 학생이 스스로 자신의 점수를 기록하다 보면 누가 시키지 않아도 저절로 깨닫는 순간이 온다. '내가 수학보다 국어를 훨씬 못하네. 그럼 내일부터 국어 공부를 좀 더 늘려서 해볼까?' 같은 생각을 하게 되는 것이다. 이 지수는 내가 의대에 갈지 말지를 결정하고 판단하는 데도 도움을 주지만 특히 중학생에게는 무슨 과목을 더 공부해야 하는지를 숫자로 보여주는 강력한 자극이 된다. 그래서 반드시 중학생도 고등 과정을 선행했을 때는 꼭 모의고사 점수를 바탕으로 수능 지수를 확인하기를 바란다.

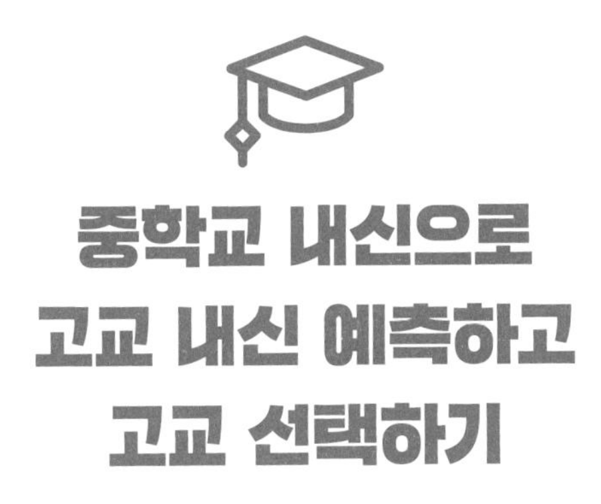

중학교 내신으로 고교 내신 예측하고 고교 선택하기

● 중학교 내신으로 고등학교 내신 등급 예측하기

중학교 반(30명)	반 1등	반 3등	반 5등	반 10등
백분위	3.3%	10%	15%	33%
인근 일반고 진학 시 예상 백분위(등급)	5% 이내 (1등급 확실)	10% 내외 (1등급 가능)	15% 내외 (2등급 확실)	30% 내외 (2등급 경계)
욕심내서 자사고 진학 시 예상 백분위(등급)	7~13% (1등급 가능)	15~25% (1등급 불가)	30~40% (2등급 위험)	5~60% 내외 (3등급 위험)
추천 고교 유형	일반고 자사고	일반고	일반고	일반고
의대 입시 전략	수시+정시	정시+수시	정시	정시
선행 주력 과목	수학+국어	수학	수학	수학

• 2025년 고등학교 1학년부터 내신이 5등급제로 바뀐다. 1등급은 ~10%, 2등급은 ~34%, 3등급은 ~66%이다.

위 표는 중학교 반 석차로 고교 진학 후 내신 등급을 예측해본 것이다. 한 반의 인원이 30명일 때 1등은 3.3%이다. 이 학생이 인근 일반고에 진학하면 대략 5% 이내 성적을 받을 확률이 높다. 어차피 인근 일반고에는 인근 중학교 졸업생이 모이므로 성적 변화의 변수가 거의 없다. 만약 1등인 학생이 자사고에 진학하면 반 1등 수준인 상위권 학생이 많이 모인 환경에서 내신 경쟁을 해야 한다. 당연히 중학교 때 3.3%이던 백분위가 10% 내외로 낮아질 것이다. 반 1등 군집도가 적어도 3배 이상은 될 것이기 때문이다. 10%까지가 1등급이니 이 학생의 내신 등급은 일부 과목에서 2등급이 나올 가능성이 높다. 취약한 과목은 당연히 2등급이 나올 것이다. 중학교 때 수학 위주로 공부한 학생이 많으니 한국사나 통합사회, 국어, 영어 등의 과목에서 2등급이 나올 수 있다.

문제는 내신 1등급 범위가 10%인 상황에서 2등급이 나오면 의대 수시에 불리하다는 점이다. 의대 입시에서 자사고가 안고 있는 리스크가 이 지점이다. 반 1등은 자사고를 고민할 수 있지만 반 3등은 인근 일반고에 진학해도 취약 과목에서 2등급을 받을 수 있다. 하물며 자사고에서는 1등급을 받는 것이 불가능할 확률이 높다. 따라서 자사고에 진학해 내신을 2등급 받을 확률이 높다면 일반고로 진학하는 편이 낫다. 지역인재에 해당하는 지방의 학생들은 더 심각하다. 지역인재전형은 대부분 교과전형인데 자사고에 진학해도 이득이 전혀 없는 셈이다. 내신 1등급이 10%가 되면 자사고에서도 전 과목 1등급인 학생이 증가할 것이므로 자사고에서 2등급은 의대 수시에 자리가 없을 가능성이 높다. 반 3등이 이런 상황이면 반 5등과 10등은 두말할 것도 없다. 일반고에 진학하더라도 수시로 의대에 진학하는 것이 현재 상태로는 불가능하다. 중학교 재학 기간에 반에서 확실히 1등을 경험해야 한다. 반 5등 학생은 공부 시간을 늘려야 하고 목표 의식을 분명히 가져야 한다. 학생 스스로 독하게 마음먹지 않으면 사실상 수시로 의대에 가기는 어렵다고 봐야 한다.

간혹 학부모들이 자사고에 가면 학습 분위기가 좋아서 아이가 변화할 수도 있다고 말하는데, 현실에서 그런 일은 거의 일어나지 않는다. 오히려 자사고에 입학하자마자 현실을 체감하고 더 크게 절망할 수 있다. 사실 의대 입시를 준비하는 중학생에게 특목고는 가면 안 되는 곳이고, 자사고는 반 1등 정도에게만 유의미한 곳이다. 의대 입시의 핵심이 내신과 수능인 이상, 중학교 내신에서도 1등을 못 하는 상태에서 고등학교 내신을 잘 받아서 의대에 간다는 말은 성립할 수 없다. 선행은 수능 준비이고, 그다음이 중학교 내신 1등이다.

의대 입시를 위해 시기별로 확인해야 하는 사항

- **중학교**: 반 등수로 의대 수시 가능 여부 확인
  고등 모의고사로 수능 지수 확인
- **고1**: 고1 내신으로 의대 수시 가능성 확인
  모의고사 성적으로 정시 가능성 확인
  수시 vs 정시 vs 수시+정시 선택
- **고2**: 선택에 따른 집중 학습
- **고3**: 수능에 몰두

 **의대 합격을 위한 교과 학습 로드맵**

• 수학

초등: 경시(기하 위주) 말고 중등 선행

중등: 고1 선행 → 대수(수학1)와 미적분1(수학2)
고1 범위(통합수학1+2)는 개념 위주, 고2 과정 선행 속도가 중요

고1: 고1 내신과 수능 범위(수학1+수학2+미적분) 병행 학습

고2: 내신과 수능 병행 = 내신 기간에 내신, 나머지 기간에 수능 위주 학습
내신은 범위 있고 수능은 범위 없음 →
누적학습, 기출문제 학습 + 미적분 개념 정리

• 국어

초등: 제대로 읽기

중등: 독해력 향상 + 수능형 문제 접하기

고1: 내신과 수능 병행

고2: 문학과 독서 확실히 학습

• 과학

초등: 실험과학 + 중등 선행

중등: 중학교 과학 제대로 공부하기 → 통합과학
생명과학, 화학(고2 내신, 수능 아님) 개념 위주로 학습

고1: 통합과학 내신 + 수능 선택 과목 빠르게 선정

고2: 과탐1 확실히 끝내기, 내신의 함정 = 범위만 공부

★ 5장 ★

의대 합격하는 공부 요소

(의대 합격 지수 알아보기)

지난 10년간 의대에 합격한 학생들의 자료를 다시 한번 검토해보았다. 그중에는 자기 실력에 비해 좋은 학교에 간 학생도 있고, 그렇지 못한 학생도 있었다. 10년간 쌓인 자료를 정리해서 '의대 합격 지수'를 만들어보았다. 독자 여러분도 직접 계산해보기를 권한다. 합격 지수 계산법을 알아보자. 수능 점수와 내신 성적을 잘 받으려면 당연히 시험을 잘 봐야 한다. 의대 합격 지수는 말 그대로 '시험 잘 보는 지수'라고 이해하면 된다. 10년간 의대에 합격해온 학생들은 어떤 능력을 갖췄는지를 수치화해서 지수를 만들고 검토까지 마쳤으니 신빙성 있는 데이터이다.

앞서 알아봤듯이 의대에 가려면 가장 중요한 요소가 수능 성적이다. 노골적으로 말하면 수능 점수, 그다음이 내신 성적이다. 그리고 학종(학종은 전교 1등, 2등에게만 의미가 있다.), 비교과가 일부 들어간다. 여기에서는 비교과를 다루진 않겠다.

의대 합격 지수 테스트 (100점 만점, 80점 이상 의대 합격)

기준	타고난 것		개선할 수 있는 것		마무리	
	항목	배점	항목	배점	항목	배점
머리가 좋다 (10점)	창의력	1				
	사고력	3				
	암기력	6	암기력 향상	10		
눈치가 있다	to do or not	15	선택과 집중	10	승부욕	10
성실하다	루틴=학습 습관	20	루틴 만들기	15	루틴 유지	10
소계		43		35		20

나의 의대 합격 지수는?						
머리가 좋다	창의력					
	사고력					
	암기력		암기력 향상			
눈치가 있다	to do or not		선택과 집중		승부욕	
성실하다	루틴		루틴 만들기		루틴 유지	
소계						

의대 합격 요소

❶ 창의력 (=머리가 좋다)

시험 잘 보는 머리가 있을까?

먼저, 시험을 잘 보려면 '머리'가 있어야 한다. "우리 아이는 머리는 좋은데 노력을 안 해요."라는 말을 많이 들어봤을 것이다. 이때 말하는 '머리'가 바로 그 머리이다. 집안에 수능, 내신을 공부하는 중·고등학생이 있으면 가족들이 모두 신경을 쓰고 사교육도 시킨다. 모두 아이의 시험 결과에 초점을 맞춘다. 그러나 실력과 성적은 일치하지 않는다. 선진국에서는 유난을 떨 필요 없이 실력만 갖추면 된다. 실력을 측정하는 적절한 도구가 있어서 시험 하나에만 매달리지 않아도 된다는 의미이다. 그런데 우리나라는 도구라는 게 시험 성적뿐이다. 그래서 '머리'가 중요할 수밖에 없다.

'머리가 좋다.' 혹은 '머리가 나쁘다.'라고 표현할 때 사람들은 어떤 능력을 떠올릴까? 바로 창의력이다. 창의력은 일종의 프레임을 바꾸는 능력이라서, 내신과 수능처럼 보편적인 시험을 잘 보는 데는 그다지 필요하지 않다. 영재학교나 과학고에 갈 때와 학종식 공부, 즉 토론하고 발표하고 자기 주장을 펼치는 상황에서 필요한 능력이다. 창의력은 학문을 하거나 사업을 경영하거나 국가의 미래를 설계하는 등 기존 사고의 틀을 깨고 새로운 틀을 제시하는 능력이기 때문에 후진국형 수능 시험이나 오지선다 내신 시험을 잘 보는 데 꼭 필요한 건 아니다. 실제로 수능 1등급 학생들 중에 창의력 때문에 수능 1등급을 받은 경우는 많지 않다. 그래서 여기에서는 창의력에 100점 만점 중 1점만 부여했다. 오히려 제한 시간에 빨리 문제를 풀어야 하는 수능 시험에서는 창의력이 감점 요소로 작용할 수 있다. 평이하고 기본적인 문제를 너무 깊이 생각하면 제시간에 고득점을 하기 어려울 수 있기 때문이다.

의대 합격 요소

❷ 사고력(=문해력)

킬러 문제를 해결하다

사고력은 다른 말로 '문해력'이라고 할 수 있다. 수능으로 치면 킬러 문제나 고난도 문제를 해결하는 능력인 셈이다. 내신에서 고난도 서술형 문제를 해결하는 데 필요하다. 수업 진도를 나가거나 어떤 내용을 이해할 때 필요한 능력이다. 따라서 사고력을 간과할 수 없다. 수능이나 내신은 조건이 주어진 상황에서 문제를 해결하는 과정이다. 우리나라 시험 문제의 처음은 늘 이렇게 시작한다. "다음 글을 읽고 물음에 답하시오." 기존 지식이나 상식으로 풀지 말고 '다음 글' 안에서 요구하는 답을 찾아야 한다. 이때 필요한 것이 문해력이다. '다음 글'을 신속하고 정확하게 읽고 출제자가 요구하는 답을 찾아야 한다. 사고력이 부족하면 자신이 기존에 알고 있는 내용과 유사한 것을 골라서 틀리기 쉽다. 그래서 3점을 부여했다. 수능 1등급 중에서 상위 2% 안에 진입하려면 반드시 있어야 하는 능력이다.

의대 합격 요소

❸ 암기력

유형 학습에 필수 요소

지식 발전 단계에서 암기력은 창의력과 사고력의 바탕이 된다. 창의력이 있으려면 바탕이 되는 소재가 있어야 한다. 예를 들어 창의력이라고 하는 대저택을 짓는다고 생각해보자. 그런 집을 단번에 뚝딱 지을 수는 없을 노릇이다. 벽돌이 있어야 하고 철근도 준비해야 한다. 벽돌과 철근 하나하나가 단순 지식 곧 소재인 것이다. 좋은 재료를 많이 가지고 있어야 집을 튼튼하게 지을 수 있는 것처럼 단순 지식을 많이 알아야 창의력을 발휘할 기회가 생기는 것이다.

그러나 지금 언급하는 의대 합격 지수, 즉 '의대 합격 따라 하기 프로젝트'에서는 창의력을 운운할 만큼의 고차원 능력까지 따질 필요는 없다. 우리나라의 모든 시험은 문제은행식이기 때문이다. 내신도 기출문제, 예상문제라는 게 있고, 수능은 30년 넘는 기출문제에 더해서 EBS에서 내는 문제가 50%를 차지한다. 그러니 어떤 문제가 나올지 뻔히 아는 상황에서 유형 학습을 하고 암기해야 하는 방식이다. 암기력을 내신식으로 표현하면 '벼락치기'이고 수능식으로 표현하면 '유형 학습'이다. 수능 수험생이라면 유형 학습을 해야 한다고들 말한다. 참고서 광고에서 '유형 학습의 최고'라는 문구가 자주 보이는 이유도 여기에 있다. 암기력을 고급스럽게 포장한 것이 '유형 학습'인 셈이다.

시중에 나온 개념서를 제외하고는 거의 모두가 유형 학습 교재이다. 수학을 예로 들면 정석이나 개념원리 등 개념서들은 사고력을 바탕으로 이해하라고 구성된 교재이다. 그래서 상대적으로 글이 많다. 개념이 박스 설명으로 나오고, 그 밑에 유제 하나 정도 있다. 문제가 별로 없다. 개념서를 다 보고 나면 다양한 문제를 풀어봐야 한다. 그런데 세상의 모든 문제를 보기에는 시간이 부족하다. 그래서 유형 학습의 가성비를 높여주려고 나온 책이 유형서(유형 학습서)이다. RPM, 쎈, 수엘, 일품 등은 전부 기출문제를 가공한 것이며, 시험에 많이 나온 문제를 순서대로 번호를 매겨서 묶은 교재이다. 자이스토리, 고쟁이 등은 수능 유형서이다. 수엘이나 쎈 등과의 차이는 '내신+수능 유형'이냐 아니면 '수능 유형만'이냐이다.

사실 시험을 잘 보는 데는 암기력을 활용하여 유형 학습을 얼마나 많이 했는지가 중요하다. 영재학교, 과학고, 일부 특목고와 자사고를 제외하고 우리나라 내신 시험은 대부분 오지선다와 단답형으로 구성되어 있다. 수행평가가 70%를 차지한다고 해도 어차피 수행평가는 기본 점수를 68점쯤 주기 때문에 결론적으로 우리 아이가 1등급인지, 2등급인지를 결정하는 건 각각 15점씩밖에 안 되는 중간고사와 기말고사라고 보면 된다.

중간고사, 기말고사는 70% 이상이 오지선다 문제이고, 서술형은 30%이다. 이 서술형 문제도 이름만 서술형이지 거의 단답형에 가깝다. '삼국을 통일한 나라는 어디인가?'라는 문제가 있다면 오지선다는 답을 ①, ②, ③, ④, ⑤ 보기에서 고르는 것이고 서술형은 '신라'라고 적는 정도이니 실질적으로 같다고 할 수 있다. 앞서 언급한 '머리' 측면에서 가장 중시되어야 하는 건 결국 '암기력'이다. 사실 수능과 내신을 준비하는 데 창의력은 큰 의미가 없고 사고력과 암기력 정도면 족하다.

암기력 향상 방법 ◆ 스토리텔링 활용

"우리 아이는 중학교 3학년인데 '타고난 것'의 점수가 워낙 낮아요. 그러면 의대에 가기는 힘든가요?"라고 묻는다면 필자는 "전혀 그렇지 않다."라고 답한다. 교육은 타고난 능력을 갈고닦아서 더 발전시키는 과정이다. 이러한 아이들도 학습을 통해 어느 정도 개선될 여지가 있다. '머리' 측면, 그러니까 암기력은 노력하면 얼마든지 향상할 수 있다.

예를 들어 암기력이 있는지를 결정하는 건 단기기억을 장기기억으로 얼마나 잘 옮기는지를 보면 알 수 있다. 단기기억을 장기기억으로 옮겨야 수능 같은 시험을 잘 본다는 것은 뇌 과학에서도 밝혀졌다. 이러한 기능을 쓰면 쓸수록 뇌세포, 즉 뉴런이나 축삭돌기가 화학 물질을 주고받으면서 두꺼워져 기억을 더 잘하게 된다. 흔히 사고력이라고 부르는 것이 사실상 암기력인 셈이다.

암기력이 향상되면 사고력도 같이 향상된다. 스토리텔링을 활용해서 공부하면 정보가 장기기억으로 훨씬 많이 넘어가고 암기력도 향상된다. 수학을 계통 학습이라고 부르는 이유가 여기에 있다. 다항식을 모르면 방정식을 이해하지 못하고, 방정식을 정확하게 이해하고 계산력까지 갖추어야 함수도 잘할 수 있다. 함수가 안 되면 그다음 단계이자 수능의 핵심인 미적분에서 헤맬 수밖에 없다. 이러한 부분을 스토리텔링이나 나선형으로 잘 이해시키는 게 굉장히 중요하다. 그러려면 각각의 개념이 거의 암기 수준으로 완전하게 입력되어 있어야 한다.

한 번 듣고 "저는 저게 무슨 말인지 알아요."라고 하는 건 개념 학습이 아니다. 누가 개념을 물어보면 주머니에서 꺼내듯이 바로 대답할 수 있을 정도로 머릿속에 완벽히 자리 잡고 있어야 한다. 수학 개념이 잘 잡혀 있어서 수능이나 내신 문제를 잘 푸는 학생이라면, 누가 물어봐도 자기가 배운 내용을 술술 이야기할 수 있을 것이다. 이러한 부분은 암기력과 관련이 깊다.

암기하는 방법에 크게 두 가지가 있다. 한 가지는 '태정태세문단세….'처럼 무슨 뜻인지도 몰라도 그저 수차례 반복해서 뇌에 새기는 방식이다. 무식한 방법이고 시간이 많이 든다. 내신 벼락치기에서나 먹히는 방법이다. 하지만 그렇게 외우기 전에 먼저 외워야 할 것과 아닌 것을 구분하면 뇌가 무엇이 중요한지 인지하게 된다. '이건 반드시 기억해야 하는 것이구나.'라고 말이다. 이따금 까먹을 때쯤 한 번씩 내용을 되새김질해서 무지막지한 방법으로 외우지 않아도 머릿속에 정보가 자동으로 남게 해야 한다.

장기기억으로 가는 첫 번째 관문은 중요한 정보를 분류하는 것이다. 채점표에 있는 '눈치'(사실 눈치도 고도의 두뇌 활동의 산물이다.)가 이때 필요하다. 1등 하는 학생들은 암기해야 하는 내용을 스스로 분류할 줄 안다. "오늘 수업에서 첫째로 중요한 건 이거고, 둘째로 중요한 건 이거야."라고 분류하는 순간 암기력으로 연동되고 뇌가 저절로 '이건 반드시 외워야 해.'라고 인지하게 된다. 까먹을 만하면 다시 꺼내서 정보를 되새김질하면 된다. 눈치와 암기력은 철저하게 연결되어 있어서 점진적으로 향상시킬 수 있다.

한 가지 우려스러운 점은 학종이 유행하다 보니 '학종식 공부 방식'에서 암기가 매우 후진적 학습 방식으로 치부된다는 점이다. 안 그래도 공부하기 싫어하는 아이들에게 문제를 풀면서 유형 학습을 하라고 하면 "그건 암기 교육이잖아요. 후진국에서 하는 거 아니에요?"라면서 거부 반응을 보인다. 실력은 있는데 시험 점수가 낮은 학생들과 인터뷰하며 이유를 분석하다 보면 답이 나온다. 틀린 말은 아니다. 그러나 우리는 여전히 후진국형 시험 점수로 대학에 가야 하는 현실에 살고 있으니 암기를 해야 한다.

과학을 예로 들어보자. 30분 동안 20문제를 다 풀려면 기본적인 내용은 다 외워야 한다. 주기율표도 못 외운 학생이 어떻게 문제를 풀 수 있을까? 학생들은 막상 "저는 다 아는 내용인데 시간이 부족해서 못 풀었어요."라고 말하지만 시간 제한이 있는 내신과 수능 시험에서는 통하지 않는 변명이다. 가방 앞주머니에 넣어놓고 1초 만에 바로 꺼내야 하는 지식인데 배낭 속 한가운데에 들어 있다고 상상해보자. 빨리 꺼내야 하는데 어디 있는지 몰라서 찾다가 어느새 종료 벨이 울린다. 그러고는 "아는데 못 풀었다."라고 말하는 것이다. 이런 실수를 해서는 안 된다.

'시험 잘 보는 머리는 암기력을 갖추고 있다.'는 점을 알아야 한다. 그러니 지금부터라도 충분히 연습하고 훈련해서 합격 지수를 올려야 한다. 입시 구조를 파악하고, 시험의 성격을 확인하고, 출제자가 원하는 답을 시간 안에 고르는 것이 얼마나 중요한지 인지하고 실행하는 것도 '머리'와 연관되어 있다.

의대 합격 요소

❹ 눈치

시험에 나오는 것만 공략한다

시험을 잘 보려면 타고나야 하는 또 다른 능력이 있는데 바로 '눈치'이다. 어쩌면 머리보다 중요한 능력일 수 있다. 엄밀히 말하면 '눈치=머리'이다. "저 아이는 머리가 팽팽 돌아가네?"라는 말은 곧 눈치가 있다는 이야기이다. 암기를 잘하는 것도 필요하지만 눈치가 있는 편이 훨씬 중요하다. 눈치가 있는 아이들은 변화에 잘 적응하고 임기응변에 강하다. 이제 '눈치'를 시험에 적용해보자. 시험을 잘 보는 데 필요한 눈치는 무엇일까? 바로 '중요한 것과 중요하지 않은 것', '해야 하는 것과 하지 않아도 될 것'을 구분하는 능력을 의미한다.

시험은 학문을 하는 것과는 다르다. 시험을 보는 수험생에게 중요한 건 시험에 나올 내용을 찾아내는 능력이다. 이것이 바로 눈치이다. 이런 능력을 본능적으로 갖춘 아이들이 있다. 전교 1등 하는 아이들은 대부분 공부하는 시간도 길지만 중요한 내용을 선택해서 공부한다. 성실한데도 성적이 낮은 학생들을 보면 '저걸 왜 공부하지?' 싶은 내용을 오랫동안 열심히 공부하기도 한다. 전교 1등과 똑같이 5시간을 공부했는데, 전교 1등은 시험에 나올 것만 공부해서 100점을 받고, 눈치가 없어서 시험에 안 나올 것까지 다 공부한 학생은 70점을 받는 것이다. 만약 공부할 시간이 무한대로 있으면 이것저것 다 해도 되지만 현실은 그렇지 않다.

눈치는 '타고난 것'이라고 볼 수 있다. 보통 부모님이 눈치가 있으면 아이도 눈치가 있는 경우가 많다. 학생이 스스로 자신의 눈치 점수를 매겨볼 필요가 있다. 대부분 초등학교나 중학교 때까지는 엄마의 정보에 따라 의대 공부를 하게 된다. 그런데 엄마가 '옆집 아줌마'나 '생계형 초·중등 학원'에서 잘못된 입시 정보에 오염된 상태로 자녀의 학습을 설계해서 엉뚱한 공부를 하는 경우가 많다. 그래서 이 부분도 타고난 것으로 분류했다. 이런 경우 아이들은 죄가 없다.

부모가 눈치 없으면 자녀가 손해 본다

의대 준비에 도움이 안 되는 공부를 과잉으로 하는 경우를 살펴보겠다.

첫째, '영재학교에 입학하면 의대 입시에 유리하다.'는 오개념 때문에 영재학교 준비만 하고 정작 영재학교에 입학하지 못한 경우이다. 일반고에 진학하면 국어와 영어 내신과 수능 공부가 부족해진다. 그래서 의대 입시에 불리할 뿐만 아니라 어려서 겪은 영재학교진학 실패 경험이 트라우마로 남을 가능성이 크다.

둘째, '물리를 못 하면 의대 입시에 불리하니 물리 선행을 해야 한다.'고 가스라이팅을 당해 물리1·2를 선행한 경우이다. 정작 의대에 중요한 과목은 생명과학이니 이건 분석할 가치도 없다.

셋째, 비학군지 일반고 진학을 확정한 중학교 3학년이 고등학교 1학년 내신 수학 심화학습을 위해 학군 지역 학원에 다니면서 시간을 낭비하는 경우이다. '고등학교 1학년 수학은 수능에 나오지 않는다.'는 수능 범위 지식이 부족해 정작 자신이 진학할 고등학교 내신에는 나오지도 않을 심화 문제를 배우느라 시간을 낭비한 셈이다. 차라리 '인근 고등학교 내신 기출'로 유형 학습을 하거나 수능 범위인 고등학교 2학년 내신을 선행하는 편이 좋았다. 시간 낭비, 유형 학습 부족 등의 부작용이 따른다.

넷째, 중학교 내신이 반에서 5등인데 수학 선행만 달리는 경우이다. 중학교 반에서 5등이면 수학에서 2문제 정도 틀리는 학생인데 고등학교 2학년 과정을 선행하고 있다면? 실제 대입에서는 '공식적인' 학교 내신과 수능 시험만 반영된다. 수학 선행을 하는 이유는 고등학교 내신이나 수능 대비이다. 그런데 중학교 내신에 문제가 있다는 것은 '실력이 부족해서'인 경우도 있지만 오히려 '시험 보는 요령이 부족해서'인 경우가 더 많다. 득점 능력이 부족한 것이다. 시험 범위는 제대로 파악했는지, 기출문제를 미리 풀어보고 시험 난이도를 예측해보았는지, 시험에 서술형은 몇 문제나 나오는지, 시간 안배를 어떻게 해야 하는지 등 시험 분석과 평가를 먼저 해야 한다. 그리고 '쉬운 것 한 문제 틀리는 것은 괜찮다.'는 위험한 생각을 하지는 않았는지도 확인해야 한다. 선행을 하지 말라는 것이 아니라 내신 성적을 100점 받는 데 필요한 비인지적 요소(공부와 직접 연결된 행위는 아니지만 공부에 간접적으로 강하게 영향을 미치는 요소)를 보완하고 강화하는 것도 중요하다는 말이다.

다섯째, 반 5등인데 내신 올A라고 자신만만하게 외대부고 진학을 준비하면서 물리1, 화학1, 생명과학1, 물리2를 집중적으로 선행하는 학원에 다니는 경우이다. 일단 의대 입시와는 너무도 거리가 멀다. 반 5등이면 외대부고에 진학해서 수시로 의대 입시를 준비할 정도의 내신을 받기 어렵다. 그러면 정시로 의대에 가야 하는데 물리1, 물리2는 수능 과목이 아니다. 이제 통합과학만 수능 과목이다. 축구 선수가 야구 연습만 하는 것과 같은 상황이다. 차라리 일반고를 선택하고 고등학교 1학년 내신과 수능 과목만 집중해서 공부해야 한다. 고등학교 1학년 내신에 집중하면 일반고에서는 여전히 1등급(10%)에 도전할 수 있다. 수능 준비도 반복적으로 유형 학습을 진행하면 내신보다 범위가 좁으니 반복 학습을 해서 1등급도 달성할 수 있다. 그런데 엉뚱한 과목을 공부하면서 시간을 낭비하는 셈이다.

눈치 향상 방법 ◆ 기출문제 분석

중학생 아이한테 눈치 좀 키우라고 말하면 눈치가 저절로 키워질까? 여기에서 눈치는 삶의 지혜를 말하는 것이 아니다. 그저 내신과 수능 시험을 잘 보는 데 필요한 눈치를 뜻한다. 매우 단순한 원리인데, 기출문제를 분석해서 시험에 나오는 것만 공부하면 눈치를 개선할 수 있다. 시간이 제한되어 있으니 시험에 안 나오는 것까지 공부할 수는 없다. 그러니 시간을 낭비하지 않게 기출 분석을 잘해야 한다. 기출문제를 보는 이유는 자신이 한 학기 동안 봐야 하는 내용이 실제 시험으로 어떻게 출제되는지 확인하기 위해서이다. 이 점을 인지한 상태에서 수업을 듣거나 시험 공부를 하면 우리 학교 시험에 안 나오는 것, 수능에서 다루지 않는 것에 시간을 들이지 않게 된다.

기출문제를 분석한 후 정확하게 데이터를 인지하는 일은 마치 시간을 버는 타임머신을 타는 것과 같다. 기출 분석을 잘해서 '학교 내신이나 수능 유형을 명확하게 분석한 다음 몇 문제를 몇 분 안에 풀고 몇 단원에서 몇 문제 정도가 나온다.' 등의 구조를 빠삭하게 알아야 한다. 인터넷만 뒤져봐도 나오는 정보이고, 반드시 외우고 있어야 하는 부분이다. 수능을 잘 보도록 공부하겠다는 목표를 세웠다면, 가장 먼저 수능 과목을 파악하고 과목별 시험 시간과 몇 문제를 풀어야 하는지 등을 알아야 한다.

수학은 수학1·2, 미적분에서 문제가 출제되는데 수학1에서 몇 문제 나오고, 수학2에서 몇 문제 나오고, 미적분은 몇 문제 나오는지, 수학1의 어느 단원에서 문제가 가장 많이 나오는지 등을 줄줄 꿰고 있어야 한다. 이 정도는 숨 쉬듯이 알고 있어야 한다. 그래서 항상 기출 분석을 먼저 한 다음, 시험에 맞추어 공부하는 게 중요하다. 부모님이 가진 최고의 자원은 애정과 경제력일 수 있지만 학생들이 가진 최고의 자원은 시간이다. 이것은 수능 시험이 끝나는 날까지 절대적으로 필요하다. 시간을 단축하는 '타임머신'이 바로 시험에 나오지 않는 건 공부하지 않아도 된다고 알려주는 것이고, 당연히 이것을 가장 먼저 해야 한다. 그래서 눈치가 중요하다고 강조하는 것이다.

의대를 목표로 하는 학생의 책상 앞에 다음 내용을 표로 만들어 붙여 놓으면 눈치 향상에 도움이 된다.

❶ 전국 의대 전형별 모집 인원과 수능최저기준 + 최근 입시 결과 (출처: 어디가)

❷ 목표로 하는 의대 전형별 모집 인원과 수능최저기준(출처: 어디가)

❸ 나의 내신 성적 변화표

❹ 나의 수능 지수 변화표

❺ 학교 내신 주요 내용 정리표

❻ 최신 수능 유형 분석표

❼ 우리 고등학교(중학생이라면 가고 싶은 고등학교) 내신 과목과 수능 과목 비교표

의대 합격 요소

❺ 성실함

학습 기동력을 높인다

부모님께 물려받거나 아이가 어려서부터 본능적으로 갖춘 능력 가운데 시험을 보는 데 중요한 것은 성실함이다. 성실함은 한마디로 부지런함이다. 실례로 아이가 일찍 일어나다 보면 뭔가를 하게 된다. 청소를 하든지 밥을 더 먹든지 무언가 할 일을 찾을 것이다. 그런데 학생 신분이면 학교에서도 그렇고 주변에서도 공부하라는 말을 자주 듣는다. 이때 성실한 아이가 일찍 일어나면 시간이 남고, 이 시간을 활용해 책을 볼 수도 있다. 이렇게 몸에 밴 성실함은 그 누구도 이길 수 없다. 초등학교 때 아이에게 공부하는 습관을 만들어줘야 한다는 말을 많이 들었을 것이다. 그런데 따로 노력하지 않아도 자연스레 그런 습관이 생기는 아이들이 있다. 이것은 정말 소중한 자산이다.

성실함도 눈치처럼 부모님께 물려받거나 부모님을 모방해서 생길 확률이 높다. 부모님이 성실하면 틈나면 책 보고, 틈나면 중요한 사회 이슈에 관해 논의하고, 의사결정을 해야 할 때 가족회의를 하는 것이 생활화되어 있는 경우가 많다. 자녀들이 그런 부모님의 모습을 보고 자라면 본능적으로 이러한 행동을 체득한다. 그래서 유전자뿐만 아니라 어린 시절 가족의 생활 습관도 성실함에 영향을 준다. 성실함을 갖춘 학생들은 초등학교 고학년이 되면 학교에 다녀와서 곧바로 숙제를 한다. 누가 시키지 않아도 스스로 하는 것이다. 학원에 다녀와서도 습관처럼 자연스럽게 숙제를 해놓고 다른 걸 하곤 한다. 이런 것이 소위 말하는 '성실함'이다. 부모님이 억지로 시켜서 하는 것보다 아이가 본능적으로 행동하는지에 따라 성실함의 척도를 확인할 수 있다.

성실함 향상 방법 ◆ 학습 루틴

성실함도 기를 수 있다. 물론 성실함은 타고나는 것이지만 후천적으로 더 키울 수 있다. 이를 '루틴 만들기', 다른 말로는 '학습 습관 바로잡기'라고 할 수 있겠다. 시험 공부는 '양치기'(문제를 엄청나게 많이 풀어보는 공부법을 이르는 말)를 동반할 수밖에 없다. 오지선다 선택형 문제나 서술형의 탈을 쓴 단답형 문제를 풀 준비를 하는 것이 시험 공부이다. 그러니 문제를 많이 풀어보는 학생에게 유리할 수밖에 없다.

계속 말하지만 우리나라 수험생, 특히 의대에 가려는 학생들이 볼 시험은 오지선다가 주를 이루는 수능과 내신 시험이다. 여기에서 좋은 성적을 거두려면 기본적으로 '양치기'가 동반되어야 한다. 그러려면 우선 기출문제를 분석해서 자신이 볼 시험이 어떻게 구성되어 있으며 어느 정도 시간을 투자해야 좋은 성적을 거둘지 파악해서 학습 계획을 짜야 한다. 그리고 이 계획을 실천하는 것이 '루틴'이다. 어떻게 해야겠다고 생각하기 전에 몸이 바로 움직이도록 만드는 것이다.

고등학교 1학년인 자녀가 월요일 저녁에 밥을 먹다가 7시가 되자 갑자기 숟가락을 놓고 책상 앞에 앉아 수능 국어 문제집을 편다고 하자. 이렇게 몸이 저절로 움직이는 것이 루틴이다. 루틴을 만들려면 자신에게 맞는 계획을 먼저 확고히 세워야 하고 그에 따라 몸이 기계적으로 움직이게 해야 한다. 계획을 세울 때는 현재 공부하는 양이나 감당할 수 있는 분량의 120%, 150% 정도로 잡은 다음, 기출문제를 분석해서 공부량을 일주일 단위로 분배하고 매일 실천하면 된다. 여기에서도 마찬가지로 '시험에 나올 것'만 하면 된다. 이 부분은 향후 출간될 『학습 플래너』에서 상세히 설명하겠다.

먼저 개략적으로만 설명하면, 기출문제를 분석해서 이미 정해진 공부할 거리를 학습하라는 말이다. 교재로 치면 개념 정리하고 유형 학습하고 실전 기출문제를 풀고, 여기에 고등학교 3학년은 EBS 문제까지 풀면 된다. 학습 순서는 정해져 있고, 어느 시간에 무슨 과목을 얼마 동안 할애할 건지 배치하면 된다. 가장 중요한 건 실천이다. 부모님이 어느 날 갑자기 "이제 월요일 7시부터는 국어를 공부해!"라고 지시해서 되는 게 아니다. 기출문제를 분석해서 학생 스스로 그렇게 해야 하는 이유를 충분히 납득하고,

시험 공부를 이렇게 해야겠다고 합의해야 실천이 따른다. 아이가 합리적이라고 느끼면 그때부터는 어떤 강압도 필요 없이 스스로 하게 된다. 어떤 핑계도 대지 않고 실천하는 것이 중요하다. 날씨가 흐리든 비가 오든 눈이 오든…. 여타의 변명 없이 그냥 해야 한다. 병원에 입원할 정도로 아픈 게 아니라면 계획 세운 대로 매일 공부하면 되는데, 두세 달 정도 실천하면 루틴이 자리 잡는다.

학습 루틴은 목표를 세운 대로 매일 무한 반복하는 것이다. '루틴'이라는 말 그대로 세월을 견디는 과정이다. 그러다 어느 날 수능 끝나고 가채점을 해봤더니 전부 1등급이라면 얼마나 기쁠까! 결과는 그때 나오는 것이다. 월요일 하루 공부하고서 '이제 전 과목 1등급에 0.1mm 다가간 것 같아.'라고 생각하면 안 된다. 루틴은 정해진 시간을 지켜내는 힘, 한마디로 시간과의 싸움이다. 이때는 고차원적 사고를 할 필요가 없다. 고차원적 사고는 기출문제를 분석하거나 계획을 짤 때 필요하다. 다시 말하지만 루틴은 생각이 아니라 '실행'을 하는 행위 자체이다.

자녀들이 고등학교 2~3학년쯤 되어 수능 기출문제를 반복해서 풀다 보면 기출 분석도 어느 정도 잘한다. 그런데 이것을 학습 루틴으로 만들어서 시험 전날까지 유지할 수 있는지가 관건이다. 이는 승부욕과 연관되어 있다. 성장이 더딘 것 같아도 매일 성실하게 반복해나가면 처음에는 손에 잡히지 않는 것 같아도 결국에는 합격 지수 범위에 충분히 들어갈 수 있을 것이다.

중계동 미래탐구 의대반 사례

중계동 미래탐구에서 중학교 1~3학년 학생을 대상으로 '의대반 코칭'을 하는데, 장동미 대표원장과 전략을 논의하고 강사, 학생, 학부모까지 필자가 직접 상담한다. 연 4회 정기적으로 간담회를 열어 의대 합격 전략을 체크하고 연 3회 개별 상담을 진행해 학생의 준비 상황을 점검한다. 반 이름도 목표 의식을 심어주려고 '의대반'이라고 해두었다. 너무 빠른 게 아닌지 우려하는 분도 있는데 어차피 할 거라면 일찍부터 목표를 명확히 하는 게 좋다. 이러한 관점으로 2년 정도 코칭을 진행하고 있다. 지금 중학교 2학년 학생들은 초등학교 6학년 때 처음 만났다. 그때는 아기 같았는데 1년 반 정도 프로그램을 하는 사이에 루틴을 비롯하여 많은 부분에서 성장했다. 어쩌면 고등학교 2학년 학생들보다 이들이 더 훌륭하게 루틴을 만들었고, 기출 분석을 하면서 눈치도 빨라진 모습이 보인다.

초반에 초등학교 6학년 학생 10명이 교실에 앉아 있는데 '과연 이 아기들이 전략을 짜고 목표를 세우고 실천하는 것이 가능할까?', 소위 말하는 '현타(현실 자각 타임의 줄임말)'가 왔다. 숙제라도 다 해 올까 싶은 걱정이 앞섰다. 시험 결과를 평가해주면 이해하기는 할까? 규칙적으로 공부하는 것이 가능할까? 학부모들은 자녀의 의대 진학에 대한 의지가 확고할까? 불길한 예상은 빗나가지 않는 법이라고 하지 않는가. 학생들이 감당하기에 만만치 않은 수업량과 수업 시간, 10시간은 해야 할 정도로 많은 과제, 매일 테스트 등 준비되지 않은 아이들이 감당하기에는 버거운 프로그램이었다. 평균적으로 고등학교 2학년이 감당할 강도였다.

진행하면서 개별로 파악해보니 2명은 수업도 잘 듣고 과제도 어려워하지 않았다. 목표 의식도 분명했다. '타고난 것'이 완벽한 아이들이다. 하던 대로 계속하라고 조언했다. 5명은 욕심이 있었다. 의대 입학에 대한 욕심이라기보다는 상위 반이라는 자존감이 작용해 하위 반으로 내려가지 않으려고 열심히 시스템을 따라오고 있었다. 확실히 앞의 2명보다는 과제 시간이 더 걸렸고, 결과도 약간 낮은 편이었다. 버겁지만 해보려는 의지가 느껴졌다.

나머지 3명은 과제 수행에 시간이 꽤 오래 걸렸다. 오답 노트까지 완벽하게 관리하고 운영하는 중계 미래탐구 의대반의 특성상 수업, 과제, 오답 노트 작성까지 마치려면 시간이 부족했다. 고민과 상의 끝에 일단 영어 학원을 그만두는 것을 부모님께 제안했다. 이유는 앞에 서술했듯이 의대 입시에서 영어의 중요도는 낮은 편이고 수학을 완전히 학습하는 습관과 자신감이 생기기 않으면 의대 합격은 근처에도 갈 수 없기 때문이다. 처음에는 망설이던 부모님들도 영어 학원을 그만두거나 주말 1회 수업으로 이동했다. 6개월 정도 월·수·금요일 수업 외에 '화·목요일에 수학 과제, 오답 노트 완전 학습' 루틴이 작동했다. 방학 때는 학원 지정 자습실에 나와서 공부하고 확인하게 했다. 이 과정을 끝내고 드디어 과제와 오답 노트 정도는 기본적으로 감당하는 루틴이 만들어졌다.

중학교 2학년에 올라가는 겨울방학 개별 상담에서는 성적 향상과 별개로 의대반 모든 학생의 루틴이 완성되었다는 확신이 들었다. 학생들도 제법 의젓해졌다. 이제 본격적으로 실력과 득점 능력을 키울 준비가 된 것이다. 중학교 1학년 내신도 모두 전교권 성적을 거뒀다. 그만하면 의대 합격을 위한 첫걸음은 성공적이었다. 중학교 2학년인 이 학생들은 이제 수학뿐 아니라 국어 공부의 루틴을 만들려고 열심이다. 정기적으로 국어 수능 모의고사에 참여하고, 부족하면 국어 수업을 듣기도 한다. 학원에서도 중학생 수준에 맞는 수능 국어 프로그램을 개발하고 수능 국어 1등급을 향한 행보를 본격적으로 이어가고 있다.

그사이 학원 시스템도 많이 바뀌었다. 기존에는 수업을 많이 하고 숙제를 내준 다음 검사했지만, 이제는 태블릿을 사용해서 더 체계적으로 관리하면서 루틴을 체크하고 있다. 중계동 미래탐구에서는 월·수·금요일에 수학을 수업하고, 화·목요일에 대부분 영어 학원에 다닌다. 학부모와 상담할 때 이런 질문을 한 적이 있다. "의대가 목표라면 수학이 제일 중요한데 월·수·금요일에 수학을 하고 화·목요일에 영어를 하면 월요일에 배운 수학은 언제 공부하고 수요일에 새 진도를 나가나요?" 그랬더니 학부모님이 "그러게요?"라고 반문했다. 이런 상황이면 학교에 안 가든지 잠을 줄이는 수밖에 없다.

화요일에 영어 학원에 가려면 월요일 저녁에는 영어 숙제를 해야 하고, 집에 오면 10시가 넘는데 간식 먹고 나면 금세 11시이고, 학교 숙제도 해야 한다. 중학교 1~2학년이면 일찍 자야 하는데 도대체 언제 수학 공부를 할까? 게다가 그다음 날 학교에 갔다가 집에 오면 2~3시, 간식 먹으면 학원에 또 가야 하는데…. 학원 계단에 앉아서 5분 만에 수학 숙제를 끝내야 할까? 시간도 없지만 양이 많아서 그렇게 할 수는 없는 노릇이다. 그래서 필자는 캠페인을 벌였다. 화·목요일에 있는 영어 학원을 다 주말로 옮기든지 하루짜리로 변경하는 캠페인 말이다. 그래서 월·수·금요일에 수학 수업을 하면 화·목요일에는 수학 공부를 할 수 있게 안정적으로 시간을 분배했다. 그렇게 수학 공부의 루틴을 확실히 잡은 것이다.

이는 기출문제 분석에 근거해서 만든 루틴이다. 생각해보자. 수학은 100분 동안 30문제를 풀어서 100점이 나온다. 수학1에서 11문제, 수학2에서 11문제, 미적분에서 8문제가 나온다. 그래서 학생들에게 "수학1·2는 빨리, 많이 공부해야 하는 게 맞지? 그렇다면 여기에 시간을 많이 써야 한다."라고 설득했고, 아이들이 이해한 뒤에는 학부모님도 설득했다. 영어는 절대평가인 데다 1등급만 받으면 되고, 실제로 많은 의대에서 영어는 2등급을 받아도 크게 감점되지 않는다. 수학의 중요도에 비하면 영어는 1/10이나 1/5밖에 안 된다. 학부모님들이 대학에 다닐 때처럼 영어와 수학을 동일하게 중시할 필요가 없다. 그래서 "영어는 의대에 진학하고 나면 하지 말라고 해도 죽도록 해야 하니 입시 준비 기간에는 좀 조정하자."라고 합리적으로 설득했고, 학부모님들도 이해해주었다.

그렇게 학원 스케줄을 바꾼 뒤 6개월 정도 지나자 '공부 루틴'이 잡히는 학생들이 생기기 시작했다. 의대 준비 2학년 A반에서 10명 가운데 1~2등 하는 학생들을 보면 '타고난 성실함'을 갖추었다. 이들은 시키지 않아도 숙제부터 오답 정리까지 완벽하게 해 오고 결과도 항상 1, 2등이다.

성적이 덜 나오는 학생들을 보면 무척 안쓰럽다. 학생 스스로 하고 싶어 하지만 습관이 들지 않아 몸이 따라주지 않는 것이다. 왜 루틴을 만들어야 하는지 설득하고 합의했지만 몸에 배도록 실천하는 일이 쉽지만은 않은 것이다. 그래서 처음 3개월간은 강압적으로 몰아붙였다. 그러자 어느덧 의자에 앉아 있는 시간이 늘었다. 과제와 오답 정리까지 충분히 따라왔다. 6개월간 진행하면서 성적이 당장 오르지는 않았지만 누가 봐도 '1~2년을 더 버티면 충분히 잘하겠다.'는 모습으로 바뀌었다. 학생도 스스로 '나도 하니까 되네?'라고 생각하면서 자존감이 높아짐은 물론이다. 1, 2등과 성적은 조금 차이가 나지만, 그 차이도 조만간 좁혀질 것으로 보인다. 공부를 똑같이 하고, 무엇이 중요한지 알고, 꾸준한 학습 시간이 뒷받침해주고 있으니 말이다.

1, 2등은 이미 임계점에 있다. 이들은 성적을 유지하는 데 초점을 두어야 한다. 뒤를 따르는 학생들은 원래는 루틴이 잡혀 있지 않아 따라갈 힘이 없었는데, 실행 방법을 체득하고 열심히 달리니 그 차이가 줄어들 수밖에 없는 것이다. 필자가 직접 눈으로 확인한 학생들의 성과는 실로 대단했다. 특히 연령대가 비슷한 중학생을 대상으로 나올 부록인 『학습 플래너』는 중계동 의대반 학생들이 했던 내용을 바탕으로 약간 변화를 줄 계획이다.

고등학생은 어느 정도 자신의 루틴을 갖고 있으니 좀 다른 방향으로 플래너를 선보일 계획이다. 다만 필자가 걱정하는 건 의대를 목표로 하는 고등학생 중에 공대에 가는 루틴을 가진 경우가 너무 많다는 점이다. 수행평가에 목숨을 걸고, 학종이 아니면 의대에 못 가는 것처럼 잘못 알아서 하루에 5시간씩 공부하지만 실제로는 의대와 거리가 먼 공부를 하고 있는 것이다.

지금 고등학교 1, 2학년이 의대를 가기 위한 객관적인 루틴을 형성하고 실천하려면 루틴을 만들어야 하는 이유를 먼저 이해해야 한다. 이들은 이 책의 2장에서 의대 모집 인원을 분석한 것을 바탕으로 1학년이 끝나면 수시로 의대를 갈 수 있는지 판단하고 그 결과에 따라 2학년 때 어떤 과목에 비중을 두고 공부할지, 수능은 어느 정도 비중으로 공부해야 하는지 감을 잡아야 한다. 실제로 의대가 목표인 학생은 나름대로 학습 루틴을 형성했기 때문에, 엉뚱한 공부를 하던 시간에 필요한 공부를 하면 된다.

시험 공부를 할 때 고등학교 1~2학년은 눈치를 키우는 데 조금 더 시간을 쓰고, 중학생은 루틴을 만드는 데 시간을 더 할애해야 한다. 중학생은 선입견이 없어서 고등학생보다 훨씬 빠르게 눈치를 키울 수 있다. 대신 '이걸 해야 한다.'고 알아도 몸이 움직이기까지 시간이 오래 걸리므로 생각하지 말고 바로 실천하도록 루틴을 형성하는 것이 좋다. '나는 이걸 해야 한다.'고 인지하고 하루에 2~3시간씩 반드시 실천해야 '의대를 포기하려 했더니 너무 아깝다.'고 생각하면서 목표를 놓지 않고 끝까지 완주할 수 있다.

의대 합격 요소

❻ 승부욕

의대 합격 목표를 이루는 힘

승부욕은 자신이 세운 목표를 반드시 이루겠다는 사명감과 같다. 다른 말로 하면 '목표 의식' 또는 '경쟁심'이라고 할 수 있다. 이는 결국 자신과의 경쟁이다. 따라서 매우 중요한 요소이다. 경쟁심을 학부모님들 표현으로 하면 '욕심'이 된다. "우리 아이는 착하고 욕심이 없어요."라고 말하는 학부모님이 더러 있는데, 입시에서 '착한 것'은 득이 되지 않는다. 현대 사회에서는 적어도 욕심이 있어야 한다. 직접적으로 얘기하면, 의대에 가려면 욕심이 있어야 한다.

고등학교 3학년 시기에 수능까지 100일이 남았다면 힘들고 지치고 덥기도 할 것이다. 만약 이런 환경을 이기고 자신이 만든 루틴을 100일간 계속하면 분명히 결과가 좋을 것이다. 다른 것 필요 없이 자신과 한 약속을 100일 동안 지키면 된다. 의대에 합격하려면 이런 승부욕이 필요하다. 그런데 요즘 승부욕이 없는 학생이 많다.

1학년 때는 분명히 목표가 의대였는데, 중간고사 한 번 망치고 나면 "엄마, 생각해보니까 인생에서 의대가 그렇게 중요하지 않은 것 같아요. 그냥 서울대나 연·고대에 가면 되지 않을까요?"라고 말한다. 또 1학년 2학기를 마치면 "어머니, 스카이에 그렇게 목맬 필요는 없을 것 같아요. 서·성·한도 있잖아요."라고 말한다. 그러다 2학년 1학기가 끝나면 "중앙대가 집에서 가깝고 괜찮은 것 같아요.", 2학기가 끝날 무렵에는 "건국대가 호수도 있고 좋아요.", 3학년 1학기가 끝나면 "서울에 있는 대학에만 가면 되죠."라며 자꾸 목표를 낮추고 합리화하기 쉬운데 절대로 그래서는 안 된다.

의대에 진학하기로 목표를 세웠던 패배자들이 흔히 둘러대는 변명이 있다. "서·연·고에 가면 되지. 공대도 나쁘지 않아." 이런 생각은 실패의 지름길이다. 수시로 의대 갈 성적이 안 되면 정시로 가면 된다. 그런데도 실패했다면 재수라는 방법도 있다. 또 안 되면 삼수에 도전할 수도 있다. 정 안 되면 외국 의대라도 가겠다는 각오가 있어야 한다. 실패할 때마다 결단하고 어느 정도 각오를 다져야 한다. 1학년이 끝나면 1학년 내신 성적으로 수시로 의대에 갈 수 있는지 판단할 수 있다. 그때 "의대가 인생의 전부는 아니잖아요."라고 말하는 학생은 결국 물러나게 되어 있다. 승부욕이 없는 것이다. 이런 학생은 서·연·고도 가기 어렵다고 장담한다. 이 책을 읽는 학부모님도 자녀에게 승부욕이 얼마나 있는지 객관적으로 판단해서 점수를 매겨보면 좋겠다.

의대 합격 공부의 핵심

아이를 어떻게 키울 것인가?

결국 의대 합격을 위한 공부는 아이를 어떻게 키워나갈 것인지가 핵심이다. 지금까지 다룬 요소가 모두 해당한다. 암기, 개념 이해, 개념을 체화해서 하는 유형 학습, 그리고 마지막에는 OMR카드에 옮겨 적기까지 해야 한다. 승부욕이 있는 학생은 답안지에 옮기면서 절대로 실수하지 않는다. 그런데 흐리멍덩한 아이들은 시험지에는 5번에 표시하고도 시간에 쫓겨서 OMR카드에는 3번에 체크하는, 정말 말도 안 되는 행동을 하기도 한다. 끝까지 정신을 똑바로 차려야 한다.

우리의 목표는 의대에 가고 싶은 학생을 의대 합격 지수 100점 만점 중에서 80, 90점 이상으로 만드는 것이다. 타고난 능력에 따라 점수가 깎인 채 시작하는 학생도 많아서 80점을 만들기가 생각보다 만만치 않을 것이다. 10년간 의대에 진학한 학생들을 정리해보니 대부분 80점이 넘었다. 머리는 정말 똑똑한데 의대에 못 간 학생들은 70점대 초반에 머무른다. 루틴 점수가 약하고, 승부욕은 0점에 가까웠다. 학부모님을 비롯하여 학생들도 각 항목을 살펴보며 의대 합격 지수를 채점해보기를 권한다.

이런 맥락에서 의대 합격 지수가 굉장히 중요하다.『의대 합격 따라 하기』의 핵심이 바로 여기에 있다. 그러니까 이 책을 바탕으로 나오게 될『학습 플래너』까지 적극 활용해서 의대에 갈 준비를 착실히 해보자. 피기맘의 '성적 관리 프로그램'도 활용하고, 인터넷 카페나 홈페이지에서 각자 작성한 플래너에 대한 피드백도 받기를 바란다. 매주 월요일에 필자가 진행하는 '피기맘 라이브'를 보며 도움을 받아도 좋다. 덧붙여 추후 '피기맘 홈페이지'에 회원 전용 방을 만들면, 그곳에 독자나 회원분들이 질문하고 학생들이 각자의 루틴을 자랑해도 좋겠다. 그렇게 다른 학생들과 비교하여 동기부여를 높이는 창구 역할도 기대해본다. 그래서 모두가 의대에 합격하는 영광을 누렸으면 하는 바람이 크다.

이 책에서 설명한 내용을 의대 합격 공부법의 큰 틀로 생각하면서 함께 실천해나가기를 권한다. 현재 자녀가 몇 학년이든 상관없이 중학교 1~3학년, 고등학교 1~2학년까지 모두 의대에 가는 그 날까지 잘 실천하면 좋겠다. '따라 하기'가 단순하게 보여도 결국은 가장 명료한 비법이다. 그런 측면에서 다 같이 실천하는 의대 합격 프로젝트를 진행했으면 한다.

초판 1쇄 발행 2024년 9월 25일
지 은 이 이해웅
발 행 처 타임북스
발 행 인 이길호
편 집 인 이현은
편　　집 김민경
마 케 팅 이태훈
디 자 인 KL Design
제작·물류 최현철·김진식·김진현·심재희

타임북스는 (주)타임교육C&P의 단행본 출판 브랜드입니다.

출판등록 2020년 7월 14일 제2020-000187호
주　　소 서울특별시 강남구 봉은사로 442 75th AVENUE빌딩 7층
전　　화 02-590-6997
팩　　스 02-395-0251
전자우편 timebooks@t-ime.com

ISBN 979-11-93794-90-6 (03370)